王玨
GEORGE WANG

九十年的人生影劇之旅

黃 仁 著

第一位演歐美片最多最走紅國際影壇的台灣影人
第一位開拓台灣影劇事業永不退休的影人先行者
第一位從影七十年兩度跨越一甲子的國寶級影人

中華演藝總工會第一屆第二次會員代表大會 97.01.24

TV Nazionale

15,00 EUROVISIONE

Collegamento tra le reti televisive europee
GRAN BRETAGNA WIMBLEDON
TENNIS. Torneo Internazionale
Telecronista, Giorgio Bellani

17,45 IL CAVALLINO GOBBETTINO

Fiaba a disegni animati
Regia di I. Vanzo

IMMAGINI DAL MONDO

Notiziario internazionale dei ragazzi in colla-
borazione con gli Organismi Televisivi aderenti
all'UER

Realizzazione di Agostino Ghilardi

19,15 SAPERE

Orientamenti culturali e di costume
coordinati da Silvano Giannelli

« L'UOMO E LA CAMPAGNA »

a cura di Cesare Zappulli
con la consulenza di Corrado Barberis
Sceneggiatura di Pompeo De Angelis
Realizzazione di Sergio Ricci

19,45 TELEGIORNALE SPORT

TIC-TAC · SEGNALE ORARIO · NOTIZIE
DEL LAVORO E DELL'ECONOMIA · CRO-
NACHE ITALIANE · ARCOBALENO · IL
TEMPO IN ITALIA

20,30 TELEGIORNALE

Edizione della sera

CAROSELLO

21,00 ALMANACCO

di storia, scienza e varia umanità
a cura di Sergio Borelli, Angelo Narducci e
Giovanni Tantillo

DOREMI'

22,00 MERCOLEDÌ SPORT

Telecronache dall'Italia e dall'estero

23,00 TELEGIORNALE

Edizione della notte

TV Secondo

21,00 Segnale orario - TELEGIORNALE

INTERMEZZO

21,15 IL BRIGANTE MUSOLINO

Film · Regia di Mario Camerini
Presentazione di Gian Luigi Rondi
con Mario Camerini
Interpreti: Amedeo Nazzari, Silvana Mangano
ed Umberto Spadaro

DOREMI'

22,45 L'APPRODO

Settimanale di Lettere ed Arti
a cura di Antonio Barolini, Massimo Olmi,
Geno Pampaloni
con la collaborazione di Mario R. Cimnaghi
e Walter Pedullà
coordinato da Franco Simongini
Presenta: Maria Napoleone
Realizzazione di Paolo Gazzara

QUATTRO PASSI PER TELECITTÀ

Una nuova Provincia

DIVERTENTE lapsus di Tito Stagno nel Tele-
giornale di domenica se-
ra. Parlando di un tragico
incidente stradale avvenu-
to sulla via Braccianese,
il popolare e simpatico
Tito si è lasciato sfuggi-
re che il sinistro è acca-
duto in « provincia di
Braccianо ». Poi si è sal-
vato in angolo, come di-
cono i cronisti sportivi,
e alla fine dell'inserto, Brac-
ciano era vedovo del pro-
vinciato, restituito a Ro-
ma. Insomma tra la provin-
cia e marito non mettere
il Tito.

Dal dottore

DOTTORE, dottore, a me
della notizia che il gio-
vanissimo cantante Dino si
è rimangiato le accuse, av-
ventatamente lanciate con-
tro il « Cantagiro » di due
anni or sono, coaргando-
si il capo di cenere e dan-
dosi la patente dell'... inge-
nuo, non frega proprio
nulla. Mi dica dottore, è
grave?

C'era una volta...

LEONTINE Schnell (in
bella ragazzina che fa-
ceva impazzire l'appagone
ad ogni passaggio)
Jenny Luna...
Nicola Arigliano...
Gianni Meccia...
L'elenco continuará.

Richiamato il tenente

DOPO gli insuccessi del
varietà televisivo, cui
va sommato per onestà di
cronaca l'insuccesso del te-
leromanzo Il Circolo Pick-
wich, i dirigenti la TV han-
no deciso di chiamare in
servizio permanente effet-
tivo il tenente Ezzy Sheri-
dan, il cui ultimo lavoro
La donna di quadri, mal-
grado le polemiche, ha ot-
tenuto un ottimo indice di
gradimento. Cosi Sheridan
si prepara a tornare sul
video con La donna di
cuori e più avanti con La
donna di picche. E poi?
Poi inventiamo un nuovo
mazzo di carte per il po-
ker e lo mandiamo a Ca-
sacci e Ciambricco che del-
la fortunata serie sono ora
i continuatori.

George Wang, il noto in-
terprete di film di avven-
tura, azione e spionaggio,
ha fatto la sua apparizio-
ne in TV nell'episodio di
« Se te lo raccontassi »
della scorsa settimana

Seguendo la radio

VERSI in vacanza rubri-
ca del martedì. Autore
Marcello Ciorciolini. Più
che versi sono versacci.
Il copione manca di mor-
dente e dice cose risapute
anche se Giuliana Lojodice
e Aroldo Tieri fanno il
possibile per tenere a gal-
la la rubrica. Fanno il pos-
sibile insomma per non far
la apparire per il solito
verso.

TUTTO da rifare, setti-
manale sportivo di Ca-
staldo e Faele. Gli autori
fanno miracoli ad impian-
tare il copioncino in una
notte. La formula della ri-
vistina sfrutta infatti i ri-
sultati della domenica spor-
tiva. Castaldo e Faele sono
ormai due veterani in ma-
teria. Riescono a infor-
mare e a divertire. Il che
non è facile.

POLTRONISSIMA: a fa-
re dello spirito di cat-
tivo comio si potrebbe fare
appello al titolo di cui so-
pra: «Tutto da rifare».
Ma non vogliamo far torto
a Castaldo e Faele. Questo
è controsettimanale « dello
spettacolo » non informa e
non diverte e non parla
di... spettacolo. Si sorreg-
ge (ma con grucce e ba-
stoni) su una sfilza di de-
testabili giochi di paro-
la. I giochi di parola sono
divertenti sulla carta; ascol-
tati in radio o in televi-
sione a lungo, irritanti. È
nel caso di Poltronissima
dilettanteschi. Anzi giace
chе autore del copione
è Mino Doletti si potreb-
be dire, rifacendogli amia-
bilmente il verso, che la
trasmissione fa il pari con
e la mezzora del dilettan-
te's. Carina vero? Chissà
come piacerà in giro.

Diabolus

RADIO

PROGRAMMA NAZIONALE

Segnale orario, giornale radio e
notiziario: ore 7 - 8 - 10 -
12 - 13 - 15 - 17 - 20 - 23.
8,30 Musica stop
7,10 Musica stop
'37 Pari e dispari
8,10 Serie arti
Sui giornali di stamane
'30 La nuova canzone del mattino
9,05 La nostra salute
'40 Colonna musicale
10,03 Le ore della musica
[Prima parte]
11,32 La nostra salute
'20 Le ore della musica
[Seconda parte]
12,10 Contrappunto
'20 Si o no
'41 Periscopio
'47 Punto e virgola
12,53 Giorno per giorno
'30 Appuntamento con Fausto Cigliano
14,00 Trasmissioni regionali
'37 Listino Borsa di Milano
'40 Un disco per l'estate
15,30 Autoradioraduno d'estate
'45 Zibaldone italiano
'53 Il giornale di bordo
'45 Parata di successi
16,00 Programma per i piccoli
'30 Sorrida, prego
17,00 I giovani e il concerto
'40 L'Approdo
18,20 Cinque minuti di inglese
'15 Sui nostri mercati
'30 Per voi giovani
19,53 «Lo scialle di Lady Ha-
milton» di Vincenzo Tala-
rico
20,05 Luna-park
20,05 Vivita alle nozze di Cer-
giano Mc Cullers
21,45 Concerto
22,10 Benvenuto in Italia
I programmi di domani
Buonanotte

SECONDO PROGRAMMA

Segnale orario, giornale radio e
notiziario dalle ore 6.30 alle
ore 22,30 ogni ora (eccetto
ore 12,30).
6,00 Svegliati e canta
'25 Bollettino per i naviganti
6,35 Bollettino per i naviganti
'53 Svegliati e canta
7,30 Almanacco
'40 L'hobby del giorno
'53 Bilbardino a tempo di mu-
sica
8,13 Buon viaggio
'36 Pari e dispari
'45 Le nostre orchestre di mu-
sica leggera
9,00 I nostri figli
'15 Romantici
'40 Album musicale
10,00 «Il ponte dei sospiri» di
Michele Zévaco
13 Jazz panorama
'26 Controluce
'36 Corrado fermo posta: mu-
sica richiesta dagli ascol-
tatori
'55 Lettere aperte
'41 Un disco per l'estate
12,10 Autoradioraduno d'estate
'30 Trasmissioni regionali
13,00 Caffè e chiacchiere
'30 Media delle vendite
'40 Qui Ornella Vanoni
'45 Juke-box
'46 Dischi in vetrina
13,00 Motivi scelti per voi
'13 Giovani esecutori
'35 Musica da camera
'56 Tre minuti per te
16,00 Pomeridiana
'05 Buon viaggio
Bollettino per i naviganti
18,00 Aperitivo in musica
'15 Juke-box della poesia
'50 Sui nostri mercati
'56 Il complesso della settima-
na
'30 Si o no
'45 Sette arti
'55 Punto e virgola
20,00 Lo strapaziotto
21,00 Programma vario
'30 Jazz comparato
'55 Bollettino per i naviganti
22,00 Caffè e chiacchiere
[Replica]
'40 Novità discografiche ame-
ricane
23,00 Musica in collegamento
con la filodiffusione
24,10 Chiusura

TERZO PROGRAMMA

12,00 L'informatore etnomusico-
logico
13,00 Concerto sinfonico
16,00 Compositori italiani con-
temporanei
17,00 Le opinioni degli altri, ras-
segna della stampa estera
'30 Conversazione
'30 Interpreti a confronto
18,00 Notizie del Terzo
'15 Quadrante economico
'30 Musica leggera
'45 Culturali
[Replica]
19,15 Concerto di ogni sera
20,30 Musiche organistiche di
Max Reger
20,00 « Gli Absurdi »
Viaggio fantastico del 2000
21,30 Orchestra di musica leg-
gera
22,00 Il Giornale del Terzo
Sette arti
'50 Celebri in ritardo
'30 Musiche contemporanee
'40 Rivista delle riviste
Chiusura

الملحق عدد 56 ــ السنة الثانية
الجمعة 17 أفريل 1970

ملحق ثقافي اسبوعي يعنى بشؤون الادب والفكر يصدر كل جمعة

في معنى الحضارة المثلى

بقلم : فرحات الدشراوي

كانما الحضارات في عصرنا هذا تتنوع تنوعا على قــدر درجات الامم من التقدم الفكري والمادي معا ، فالامم التي ازدهر اقتصادها منذ الثورة الصناعية ونمت فيها العلوم والمعارف نموا جليلا ، مثل امم اوروبا وامريكا الشمالية ، تنتسب مع تفاوتها في التقدم الى الحضارة العصرية الصناعية ، بينما كل دول امم افريقيا واسيا تنتسب الى الحضارات القديمة والثقافات التقليدية .

غير ان هذه الامم الاخيرة قد اندفعت اندفاعا قويا في منتصف هذا القرن في سبيل النمو الثقافي ، وقصدت قصدا الى معاني الحياة العصرية بتطور اقتصادي يقوم علــى التصنيع ، وينهضه اجتماعية اساسها الثقافة الحية والتربية العصرية .

فهذه الامم يحملها التاريخ حملا اذن على الاتجاه في وجهة الامم الاخرى التي تمهد بربوعها مهاد الحضارة العصرية حتى تكون كافة الحضارات في العالم محمولة حتما على مثال حضاري واحد هو مثال الحضارة القائمة على التقدم الصناعي والقوة المادية .

الا ان الحضارة لا يقتصر معناها على عناصرها المادية فكثيرا ما يقوم مفهومه على اجتماعات دينية ومقاصد روحية خاصة ، فتتميز هكذا الحضارة الاسلامية مثلا عــن الحضارة المسيحية ، او الحضارة البوذية ، وقد يقوم مفهومها كذلك على مذاهب سياسية مختلفة ونزعات ايديولوجية متعارضة ، فتتميز هكذا الحضارة الماركسية مثلا عن الحضارة الرأسمالية .

فهل توجد مع ذلك حضارة مثلى تتطلع كافة الحضارات في العالم الى اكتساب عناصرها ، والاتصاف بصفاتها والتحلي بمحاسنها ؟

ان تصوير الانسانية قابلة الى مثال حضاري واحد و نوع فائق صالح للبشرية جمعاء Civilisation planétaire تكون دعامته على التقدم العلمي والتقني الذي تحلى بــه الامم القوية باوروبا وامريكا الشمالية ؟

نرى ان مفهوم التفوق الحضاري مثل كل مفهوم مثلي مفهوم غامض الحدود بعيدا . فاننا عندنا عن اعتبار التفوق الحضاري تفوقا مادية بحتا . فاننا عندنا ليس هو هو مثل استعمال حضارة على سائر الحضارات حتى يفنى تورها الدائم قابلة وتتيه اليها انظار البشرية جمعاء كما كان الشأن بشأن الحضارة اليونانية ، او المصرية الصينية ، او الحضارة الرومانية ، او الحضارة الاسلامية ، بل هو عبد تلاقي الحضارات وتكاملها ، وتلاقح الثقافات وتقاربها .

وان وجهة التلاقي والتكامل لهي الوجهة السديدة التي تتبع الامم العصرية مزيدا من الاشعاع في الدنيا ، وتدول لسائر الامم التي تسعى الى الحياة العصرية رقيا سليما على اسس ثابتة ومناهج مستقيمة .

ولقد اصاب و الله في الاتجاه الى هذه الوجهة رئيس الجمهورية الفرنسية السيد G. Pompidou عندما اشرف على تدشين دار و اليونسكو و الجديدة بباريس ، فانه دعا الى وجوب التلاقي بين حضارات متنوعة هي في حاجة الى التغذي بعضها من بعض بتلاقي ثقافاتها المختلفة وتبادل خيراتها الفكرية وتكاملها .

ففي الوجهة السديدة حقا وجهة الحضارة الانسانية في عصرنا والثقافة العالمية . وهي احسن سبيل الى الوئــام والسلام والخير العميم .

الصحراء التونسية تنقلب إلى ساحة وغى...

ــ (طالع ص 8) ـــ

طالع في هذا الملحق

ص 2 • بيني وبينك
بقلم : محمد بن صالح بن عمر

ص 3 • مفاهيم جديدة
بقلم : الطاهر الهمامي

ص 4 • استطلاع تاريخي

• في قضايا المسرح العربي المعاصر
بقلم الدكتور : محمد عزيزة

ص 5 • الواقع التونسي من خلال القصة الجديدة
اعداد : عز الدين المدني

ص 6 و 7 • مع المستشرق شارل بلا

ص 8 • أدباء مؤلفون
بقلم : الشيخ محمد الشاذلي النيفر

ص 9 • رابطة القلم الجديد
عهدها الثاني

ص 10 • نغمة العين

ص 11 • شعر : وجدي الخضراوي
بقلم : محمد المحجوب

• قراء اللغم الهادءة

DIZIONARIO DEL CINEMA ITALIANO

Enrico Lancia
Fabio Melelli

attori stranieri
del nostro cinema

GREMESE EDITORE

《義大利的外國演員名人錄》的封面。

assai inquietante: la sorella di un pittore, vendicatrice-assassina, e quella di un sacerdote (in realtà il ruolo è unico, è il parroco che si traveste da donna).

Filmografia: 1963: *8¹/₂* di F. Fellini; **1966:** *Scusi, lei è favorevole o contrario?* di A. Sordi; **1968:** *La pecora nera* di L. Salce; *The Belle Starr Story* di N. Vich [L. Wertmüller]; **1969:** *Il giovane normale* di D. Risi; **1970:** *Ma chi t'ha dato la patente?* di N. Cicero; *Il prete sposato* di M. Vicario; *Amore formula 2* di M. Amendola; *Colpo di stato* di L. Salce; **1971:** *La tarantola dal ventre nero* di P. Cavara; **1972:** *Beati i ricchi* di S. Samperi; **1973:** *Ancora una volta prima di lasciarci* di G. Biagetti; *Paolo il caldo* di M. Vicario; *Simbad e il califfo di Bagdad* di P. Francisci; **1974:** *L'erotomane* di M. Vicario; **1976:** *Il ragazzo di borgata* di G. Paradisi; *La casa dalle finestre che ridono* di P. Avati; *Mondo di notte oggi* di G. Proia; **1977:** *La ragazza dal pigiama giallo* di F. Mogherini; **1978:** *Le braghe del padrone* di F. Mogherini; *Tutto suo padre* di M. Lucidi.

WANG George

(*Yie Wang*, Hong Kong, 11 dicembre 1926). È uno dei non molti attori asiatici presenti nel cinema italiano, utilizzato il più delle volte nei film di genere, soprattutto quelli d'avventura o di spionaggio, e talvolta anche nel western per dar vita a personaggi loschi, subdoli, traditori e meschini, da lui puntualmente disegnati con una certa efficacia e senso della professionalità, aiutato comunque dal suo sguardo spesso torvo, ironico e imperturbabile tanto da sembrare inespressivo; in realtà da contorno ce chissà quali malefatte o bieche macchinazioni, con tanto di scimitarra o pugnale malese pronto a colpire.
A parte la sua costante presenza nel cinema italiano fin dai primi anni Sessanta, essendo a perfetta conoscenza della lingua inglese, è spesso chiamato per produzioni internazionali come *55 giorni a Pechino (55 Days at Peking*, 1963) di Nicholas Ray, in cui gli è affidato il subdolo ruolo del capo dei boxer, in rivolta contro lo straniero.
Il genere spaghetti-western è comunque quello in cui George Wang si di-

mostra più a suo agio, facendosi dirigere dagli specialisti del campo come Sergio Bergonzelli, Michele Lupo, Giulio Petroni, Sergio Garrone, Gianfranco Parolini e molti altri, dimostrandosi sempre all'altezza del ruolo affidatogli. In uno dei western in cui ha il ruolo da coprotagonista, *El Cisco* (1966), Wang impersona in modo abbastanza credibile un bandito messicano, ma è penalizzato purtroppo da un trucco che lo rende assai simile al più famoso Fernando Sancho, tanto da essere considerato una copia in carta carbone dell'attore spagnolo, ancora più somigliante a causa del doppiatore abituale di Rancho, il gran caratterista Luigi Pavese.

Filmografia: 1960: *Apocalisse sul fiume giallo* di R. Merusi; **1961:** *I mongoli* di L. Savona; **1963:** *55 giorni a Pechino (55 Days at Peking)* di N. Ray; **1964:** *I pirati della Malesia* di U. Lenzi; **1965:** *La settima tomba* di E. Petri; *A 008: operazione Sterminio* di U. Lenzi; *James Tont operazione U.N.O.* di B. Corbucci e G. Grimaldi; **1966:** *Black Box Affair: il mondo trema* di J. Harris [M. Ciorciolini]; *Berlino, appuntamento per le spie* di V. Sala; *Delitto quasi perfetto* di M. Camerini; *Le spie vengono dal semifreddo* di M. Bava; *El Cisco* di S. Bergon [S. Bergonzelli]; *Mi vedrai tornare* di E. M. Fizzarotti; *Per il gusto di uccidere* di T. Valerii; **1967:** *Morte in un giorno di pioggia (Chinos y minifaldas)* di R. Comás; *Troppo per vivere, poco per morire* di M. Lupo; *Una colt in pugno al diavolo* di S. Bergonzelli; **1969:** *36 ore all'inferno* di R. Bianchi Montero; *Tepepa* di G. Petroni; **1970:** *Buon funerale amigos!... Paga Sartana* di A. Ascott [G. Carnimeo]; **1971:** *Uccidi Django... uccidi per*

primo!!! di W. S. Regan [S. Garrone]; *Deserto di fuoco* di R. Merusi; *Roma bene* di C. Lizzani; **1972:** *Sotto a chi tocca!* di F. Kramer [G. Parolini]; *Jesse & Lester: due fratelli in un posto chiamato Trinità* di J. London [R. Genta]; *La tecnica e il rito* di M. Jancsó; *La lunga cavalcata della vendetta* di A. Anton [T. Boccia]; *Super Fly* (id.) di G. Parks; *La macchina della violenza (The Big Game)* di R. Day; **1973:** *Il giustiziere di Dio* di F. Lattanzi; *Il mio nome è Shanghai Joe* di M. Caiano; *Anche gli angeli mangiano fagioli* di E. B. Clucher [E. Barboni]; *Il figlio di Zorro* di F. G. Carroll [G. Baldanello]; *Studio legale per una rapina* di A. Anton [T. Boccia]; *Ming, ragazzi!* di A. M. Dawson [A. Margheriti]; *Li chiamavano i tre moschettieri... invece erano quattro* di S. Amadio; *Una colt in mano al diavolo* di F. G. Carroll [G. Baldanello]; *Sei bounty killers per una strage* di F. Lattanzi; **1974:** *Sette ore di violenza per una soluzione imprevista* di M. M. Tarantini; *Milarepa* di L. Cavani; *Questa volta ti faccio ricco!* di F. Kramer [G. Parolini]; **1975:** *Il sergente Rompiglioni diventa... caporale* di M. Laurenti; **1981:** *Coldest Winter in Peking* di Ching-Zue Bai.

WARBECK David

(*David Mitchell*, Christchurch [Nuova Zelanda], 17 novembre 1941 – Londra [Gran Bretagna], 23 luglio 1997). Attore proveniente dalla Nuova Zelanda, attivissimo in Italia dagli inizi degli anni Settanta con una presenza costante nel cinema d'avventura e in quello bellico di serie B, oltre ad alcune miniserie televisive dove ha spesso interpretato ruoli da protagonista.
Trasferitosi in Inghilterra, segue i corsi di recitazione della London's Royal Academy of Dramatic Art, ma dopo il diploma alle luci del palcoscenico preferisce quelle dei riflettori delle macchine da presa. Il cinema è la sua grande passione, ma all'inizio deve accontentarsi di ruoli un po' sottotono in film di mediocre realizzazione, anche se il suo debutto avviene da protagonista, avendo ottenuto la parte di Robin Hood in un discreto film diretto da John Hough, che non varcherà i confini inglesi e che in pochi vedranno. Prima di dedicarsi a una carriera tutta italiana,

EL CISCO

Production: filmEPOCA,
Director: Sergio Bergonzelli
Actors: William Berger, Anto-
nella Murgia, George Yun
Wang, Cristina Gaioni, Nino
Vingelli, Lamberto Antinori,
Tom Felleghy
English version will be ready
end September
FOREIGN SALES: FOR FILM
EPOCA:
NISSIM KOEN, Viale Regina
Margherita, 169
TEL. 8.445.049 - ROME

A village in Arizona, rich for its
cattle, is continuously attacked by
some outlaws, but it is, well protected
by the Sheriff and its inhabitants.

One day the sheriff goes to Tucson
to accompany a bandit to prison.
During that time the village is govern-
ed by the vice—sheriff Boxton, a
dubious man, who makes an agree-
ment with the outlaws to strip the
bank, thinking that people would
suspect a certain Larry called "El
Cisco," already accused unjustly of
the attack on the bank of Tucson.

But Larry finds out the intrigue
and preceeds the bandits to the bank,
taking with him all the money. The
bandits, with their chief Tuscarora,
are foiled. Meanwhile, Larry goes
outside the village to assault the
stage—coach and destroy the poster
of the reward on his life. By the
same stage—coach are travelling two
women: Maud, Lowett's daughter
and Maria Pilar, his girl—friend who
comes to find him. As the cashier of
the bank has recognized Larry, the
vice—sheriff Boxton and some imp-
ortant members of the village go to
Lowett's ranch, where he works, to
take him to prison. Larry does not
say where he has concealed the
money, so he is beaten. Than the
doctor, an old friend of Larry, is
asked to do his best to keep him
alive until he will say where the
money is, but the doctor, in order
to save him, pretends his death.

During the funeral, Larry hears the
bandits saying that the old Lowett
must have a lot of money in his
house, and they plan to steal it. At
the end of the mourning cerimony,
Larry becomes alive once again and
goes to the ranch. There he finds
old Lowett nearly dead, after the
visit of the bandits. He has only
time to tell Larry where his money
is before dying. Meanwhile, a bandit
coming from the other side of the
border, lets Tuscarora know that there

George Yun Wang

1996年英文電影期刊刊載王珏先生在《荒野大鏢客》中飾演墨西哥一方霸主的劇照。

王珏與旅美資深影人盧燕在長春拍《隨風而逝》時合影。。

重庆日报
1998年11月21日 星期六 第三版

"我是重庆人"
——访台湾著名电影艺术家王珏

本报记者 曾晓云

81岁高龄的王珏专程从台湾赶来参加《重庆与中国抗战电影》学术研讨会。这位老人面对他熟悉而又陌生的山城，用非常地道的重庆话风趣地说：我是重庆人，我在这里呆了9年，早就该入重庆籍了。

1938年，20多岁的王珏随中国电影制片厂从武汉来到大后方重庆，"我在这里边工作边学习，我的影艺生涯应该说是从这里开始。"王珏1939年在《抗战影片的影片《保家乡》中担任男主角，他至今还清楚记得，就是在南岸拍的。"那时拍戏困难重重，胶片尤其紧缺，我们都是把戏排练得非常有把握才开拍。一次我演的角色是跑着来报告"鬼子来了"，因为没有喘气，被导演训斥了一番，还罚我长跑。

王珏1946年离开重庆，后来到了台湾，曾做过演员、导演和制片人。他说，"几十年来，我心里一直对重庆充满了怀念。我觉得自己就是在重庆长大的。"

这次王珏来渝后，到原中国电影制片所在地南岸洞及过去熟悉的张家花园、沙坪坝、磁器口等地参观，感到变化太大了，他几乎都认不出来了。他说，些旧址已无影无踪，使他心里油生出几分遗憾。

CHONGQING EVENING NEWS 重庆晚报

"枪，在我们的肩上，血，在我们的胸膛……"洪亮而激情的歌声令人难以相信他已80多岁高龄。52年岁月白驹过隙，当年曾在重庆参与拍摄第一部抗战电影《保家乡》的台湾著名电影艺术家王珏相隔半个世纪后回到他曾居住过8年的家，如火如荼的抗日烽烟犹在眼前。

11月18日甫抵山城，第二天一早，王珏就迫不及待地与台湾著名资深导演李行，同去"寻根"。纯阳洞的金刚塔默默述说

王珏回故里

着那难忘的岁月，王珏为那茫然无存的"中制"遗址感到阵阵酸楚。1938年9月，王珏随中国电影制片厂由汉口来重庆，在纯阳洞的那片坡地上搭起摄影棚。"我对重庆不仅充满怀念，更心存许多感激！"在重庆，王珏第一次走上银幕，在他最难忘的是8年抗战在重庆拍摄的7部电影，难忘与舒绣文一起主演的《好丈夫》，难忘摄影棚幡上"一寸胶片一滴血"

标语，还有那诲人不倦的何非光导演和好朋友谢添、张瑞芳、秦怡……采访中，王珏多次自豪地说"我是个重庆人。"

1959年王珏去了意大利。在欧洲，他曾参与拍摄了40部西西影片，让他却从来没有忘记自己是一个中国人，"总想为中国电影做点事情"。已是耄耋之年的王珏关注着祖国的电影事业，他认为中国电影要想能在国际影坛立足，一定要拿出令外国人惊喜的中华民族自己的东西。

记者 陈维

华西都市报 ⑨ 1998年11月24日

王珏说，忆当年，一尺胶片一滴血

第七届中国百花金鸡电影节上有一位来自台湾的重量王珏。今年已81岁高龄的王珏老先生是当年重庆第一部抗战电影《保家乡》的男主角，阔别52年后再次回到重庆，他对两岸电影的发展感慨万千。明年11月，欧洲16个国家将统一货币，其中蕴含了一个很简单的道理，整合才有力量，两岸三地电影携手也唯有中华电影的明天，才能立于不败之地。

1938年，21岁的王珏在武汉进了当年的中国电影制片厂，当年9月到重庆，拍的第一部戏就是《保家乡》。王珏先生忆起当年的情形异常兴奋：重庆抗战电影是多方不同救亡的进步导演、演员和编剧们共同努力的结晶。当时人们有同一个目标，不能亡国，抗战到底。8年抗战期

间电影共拍摄了37部故事片，一尺胶片一滴血，激励了无数中华儿女奔赴抗日前线。王珏现在虽已客居意大利，但他那颗中国心却搏动得更加激烈。他在罗马看过《大红灯笼高高挂》等大陆国产片，对国内的导演和演员有一定认识。他说，"我们要拍让外国人想像不到的中国的故事，才能在国际市场上争得一席"。王珏先生现虽已退休，但他表示一有合适的机会他还会演。他在意大利时还曾扮演过拉伯公、墨西哥人、蒙古人和日本人等不同的角色，他的目的只有一个，多积累一些经验留给华夏电影的后生。采访结束，王珏先生激动地唱起《义勇军进行曲》"枪，在我们的肩上，血，在我们的胸膛……"

本报记者 尹凌 李伟 吴强五

让交治不意获得粮治
严重突眠恢复正常
国济甲亢病医院
地址：成都市通惠门西安南路57号
（028）7763049 7736469

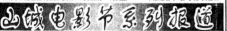
山城电影节系列报道

重庆抗战电影

中国电影史上的重要篇章

本报讯（记者 林勇）"中国电影史上有几个高潮，重庆的抗战电影无疑是高潮之一。""中国影坛常务长张思涛的这一论点，代表了相当多的参加重庆与中国抗战电影学术研讨会的专家们的意见。

这次学术研讨会有三十多位电影理论家和研究人员撰写了学术论文。专家们在论文中普遍持有一个观点：抗战时期的重庆电影是中国电影史上的重要篇章。但是，长期以来，因种种原因，电影理论界对抗战电影研究不够，没有专著，也没有给它一个正确的评价。

张思涛说，抗战时期重庆电影体现出的爱国主义精神，不同题材间的合作精神以及电影与人民同呼吸共命运的精神，都值得我们现在学习和借鉴。据悉，抗战时期，在艰苦的条件下，重庆拍出了18部故事片。

副市长程贻本、台湾著名电影李行、曾在重庆拍过电影的台湾演员王珏老先生等人参加了研讨会。

重庆商报·综合新闻
ZONGHEXINWEN

台灣演藝公會理事王玨、苗天、馬漢英商談會務。

中製反共片《日內瓦的黃昏》劇照，王珏與田豐。

中製反共片《日內瓦的黃昏》劇照。

1952年（民41年）總統蔣中正邀戲劇界春酒，第一排右起為張正芬、戴綺霞、蔣中正、吳驚鴻、夷光；
第二排右起戴安國、張進德、威莉、宗由、王珏、徐欣夫、袁叢美。

1992年雙十國慶前夕，王珏夫婦拜訪我駐義吳大使祖禹。

王玨於雙十國慶拜會大使館，左二起依序為時任三等秘書邱進益、王玨夫人、
邱進益夫人、趙武官、王玨。

1955年，《罌粟花》，王玨與盧碧雲。

台灣演藝人協會理事長楊光友（右起）偕同公演老舍舞台劇《四代同堂》的演員秦海璐、
陶虹及北京巨龍文化公司總經理劉忠奎拜訪老舍老友王玨。

《四代同堂》的演員秦海璐、陶虹與王玨合影。

1956年，製片黃卓漢偕港星林翠等至台製廠《沒有女人的地方》拍攝現場探班。前排左起：台製片廠長龍芳、港星黃河、焦鴻英、林翠、丁瑩、黃卓漢，後排左起：彭世偉、田豐、李行、高明、楊甦、周旭江、井淼、古軍、王玨（右二）、導演唐紹華（右一）。

港台影劇兩界聯合會一九五一九五四年合影

前排（左起）：張正芬　章遏雲　戚莉　吳驚鴻　柳聲　金素琴　歐陽莎菲　夷光　朱櫻　于素秋

二排：王叔銘　龍芳　尤光照　周曼華　戴綺霞　王珏　童月娟　洪叔雲　劉亮華　黃河　尤敏　袁叢美　馬金鈴　顧媚　于占元　郭小龍　張進德　王元龍

三排：呂國銓　唐迪　吳女超　蔣經國　蔣光超　鄭彥棻　馬力

後排：張善湖　嚴幼祥　李祖永　戴安國　徐欣夫　張善琨　黃卓漢　鍾啓文　馮明遠　岳麟　朱冠軍　朱冠英　來寶　羅文維　顧光宗　屠啓　陶煥秦　陳丕文　周承

2010年《近在咫尺》，九十三歲的王玨飾演患有阿茲海默症的爺爺（上圖左），
下圖《近在咫尺》片中王玨躺在床上，其餘演員有彭于晏、范新雨（大陸）、郭采潔、明道侍候王玨。

王珏1948年來台拍《花蓮港》，他演山地青年反對妹妹嫁給漢人，
圖中作勢企圖打妹妹者即王珏，不畏懼被打的妹妹由沈敏飾演。

政府遷台第一部片《惡夢初醒》的兩張劇照。

王珏應邀參加第四屆上海國際影展

1948年王玨從上海來台前留影。

鬃毛依然，氣勢如昔的王玨先生

高肖梅

　　在東北的安東市，九十多年前的一個冬季，一個娃娃降臨到人間，這位呱呱落地的男嬰王玨後來進入影劇界，經歷了七十多年的歲月，在大時代的巨浪與洪流中，每次在巨浪來襲時，王玨先生都站在浪頭上，當洪流衝擊中，他不畏艱難，不懼挑戰，以寬闊的視野作出正確的選擇，以過人的膽識在風雨中力挽狂瀾，在獻良多。九十多年後，2009年在台灣舉辦第四十六屆金馬獎，實至名歸資深演員王玨先生榮獲「特別貢獻獎」。

　　西元1931年（民國二十年）九一八事變，日軍進佔東北，為了躲避日軍的奴化政策，少年的王玨到了北京唸書，在北京完成了中學學業，六年後七七事變，他已經是大學生，當時這位愛國的熱血男兒，與北京各大學學生組織「救亡圖存南下宣慰團」沿著平漢與津浦鐵路南下，每一站下來深入鄉村，以戲劇表演方式，喚醒全民抗敵的決心，那年他二十歲，在年輕的黃金時期，在生命中埋下了一粒表演的種子，往後的日子中，在戲劇圈、電影界茁長發展，結實累累綠意成蔭。

1947年王玨隨同何非光導演來台拍攝《花蓮港》，了解台灣的製片設備有限，1949年解放軍過長江，國民黨軍隊正在浴血抵抗，上海已經開始混亂了，政治局勢逆轉，在那個動盪的日子，兵荒馬亂人人自危，每個人自家性命都難保的時機，王先生眼光卻落在中製廠的器材上，他眼光獨具看到這些拍片設備的重要性，發動同事將製片廠器材包括攝影機、放映機、錄音機、布景、水銀燈等全都拆下來裝滿了十一部卡車運到碼頭，碼頭工人以吊車運至船上，人與器材同時搭上幾乎是最後一班的輪船「海華號」經過風雨飄搖的台灣海峽來到台灣。

中國電影製片廠以這批器材為基礎，拍攝多部代表性的政策影片，頗獲好評，獲得社會極大的迴響，進而引起政府對電影的重視，增加了拍攝電影的信心，著手將農教公司和台影公司（院線放映公司）合併成立中央電影公司。也因為中影公司的成立才開始有計畫的拍攝、製作、發行電影，成為台灣電影的龍頭，帶動了電影工業的發展，將台灣電影推向國際舞台，藉由電影，展現了台灣的文化特色。如果沒有當時的中製廠的這段歷史，台灣電影產業可能延遲更多年月，才能有所成績。

來台後王玨參與舞台劇及電影的演出，因為外型特有的風格，演技遊走於正反角色之間遊刃有餘，演技精湛，戲路寬廣，成為片約不斷的紅小生。1957年義大利國際影片公司製片兼導演倫祖麥路西來台合作拍攝《萬里長城》（上映改名《上海最後列車》），王玨參加演出，深

王玨九十年的人生影劇之旅

獲欣賞。1959年王珏收到麥路西的來信，邀請往羅馬拍片，於是一個唯一的東方人，在歐洲參加義大利電影的拍攝。從1960到1974年，從開始語言不通，但憑敏銳的觀察力與領悟力，順利的穿梭在鏡頭前、水銀燈下，後來成為頗能傳神演出的東方演員，在十四年間拍攝了約五十部義大利電影，二部西班牙電影，二部美國片。成為第一位長期在歐州拍片的台灣演員，國內最早與世界接軌，打入國際影壇的電影工作者。憑著一份過人的膽識接受挑戰，再以專業的精神在電影領域中努力不懈，在異地建立了自我生涯一段難得的歷程。

接著王珏先生應港台電影界邀請參加多部影片演出，1981年曾以影片《皇天后土》榮獲第十八屆金馬獎佳最男配角。走過七十多年的戲劇與電影生涯，王珏總是領風氣之先的影劇人員，在抗戰時期，他是拍了最多影片的男明星，第一位從中國來台灣拍片的演員，兩岸三地最早往歐洲拍片的台灣演員，王珏在台灣電影界創下許多的紀錄，這些成績不只是機運而已，還有他身上具有的特質與風格。正如如今九十高齡，在很多場合仍然健康硬朗、神采奕奕。像是曾經叱吒風雲的獅王，雖然已有了年紀，鬃毛依然美麗，氣勢仍如當年。

（原刊等46屆金馬獎場刊）

我所知道的王珏先生

高肖梅

最早見到王先生是在銀幕上，1951年由農業教育有限公司出品的影片《惡夢初醒》及1981年由中影公司拍攝的《皇天后土》，因為時空的條件不同雖然兩部都是政策影片，影片表達方式迥然不同，《惡》片背景對日抗戰結束，國共內戰開始，女主角回到老家，和男友一起加入共產黨，不久，人民解放軍入城。本以為共產黨的財富均分，脫離貧窮是真正在幫助人民，沒想到這一切都是謊言。土地改革只是將辛苦賺來的農地分給好吃懶做的人，而禁止浪費奢侈卻連病人都不能吃肉。看清共產黨的真面目後感到非常痛心，無能為力也抽不了身。片中王先生飾演高層幹部羅平，他看上女主角，利用職務之便性侵得逞，不擇手段控制她的行動，強留在身邊。數年間，女主角曾試著逃跑卻屢次失敗，最後被羅平送至人民解放軍的慰勞隊，任人魚肉，直到她染上梅毒，衰老已無用處便趕她離開。「皇」片中以中國科學院的人事更替為戲劇的主軸，將「文化大革命」和「四個現代化」在大陸風起雲湧的經過做為背景，時間則經歷父母和子女三代，長達二十多年。不同一般的反共宣教

王珏九十年的人生影劇之旅

片，《皇》片不僅有壯闊的場面調度，影片的剪接亦十分乾淨俐落。在道具和佈景也十分考究，亟求重現文革的大陸面貌，尤其紅旗飛揚的色彩運用和強弱並濟的音樂節奏搭配，使無論是紅衛兵的示威遊行場面或中共官場的權利角逐都充滿震撼性。王先生飾演中國科學院沈副院長，身居權利核心，操弄鬥爭手段殘酷，王先生不僅是反派而且是大反派。反派有兩種，小混混耍賴使壞，窮凶惡極，有勇無謀的反派；大惡人奸險惡毒，深沉冷靜有謀略，王先生飾演大反派的特質，是有一般小反派缺少的架勢與氣派。王先生演技勿庸置疑，並以《皇天后土》一片獲得第18屆金馬獎最佳男配角。

第一次見到王玨先生距離很遠，1980 年我在金馬獎頒獎典禮觀眾席，王先生在台上領獎。王先生領獎致謝，雖然匆匆一瞥，確是氣宇與眾不同。王先生曾於 1958 年隨著義大利影片《萬里長城》（改名《上海最後列車》）外景隊赴義大利，時逢義大利影業蓬勃之際，進而留在當地發展，拍過近五十部電影，其中包括《北京五十五日》、《蒙古人》等片，為當時唯一活躍於歐洲影壇的東方男演員，以「George Wang」走紅國際影壇，也促成義大利到台、港拍片等。他旅居羅馬多年，重返台灣影壇。身上有一種特有的風度，可能是經過歐洲文化的洗禮之後的「歐風」。

接著在 2009 年榮獲金馬獎「特別貢獻獎」，再度閱讀王玨先生的大量資料，不得不肅然起敬。王玨先生於1918年（民國7年）至今2011

序

年（民國100年），已有 94 歲高齡，王珏先生於中國大陸東北，如今定居台北，他先從東北到華北求學，再往華西四川投入抗戰宏爐，抗戰爭勝利後轉南京至台灣，再由寶島長征羅馬 16 年，同時奔波歐亞非，橫跨世界。在他悠長的歲月中，南征北討，飽經大時代的憂患顛沛流離，他跨躍國際，長征羅馬，在歐洲創造佳績，在異國享受自己努力的成果。王珏先生的生命如流金歲月，他的經歷不同凡響，如今回首往事，他不僅在影劇業留下不可抹滅的功績，與大時代的波濤浮沉起落。王珏先生的經歷不僅可稱為華語電影史，更可稱為中國近代史的見證者。王先生在台灣電影界創下許多的紀錄，這些成績不只是機運而已，還有他身上具有的特質與風格。如今年逾九十，在很多場合出現，仍然健康硬朗、神采奕奕。像是曾經叱吒風雲的獅王，雖然已有了年紀，鬃毛依然美麗，氣勢仍如當年。聊起從前，順手拈來一段往事，經過王先生的敘述，那封塵的回憶漸漸明朗，經過王先生再次的分析，如鍍金般的閃亮著，王珏先生不僅成就了自己，而且以生命為歷史作了最好的見證。

王珏九十年的人生影劇之旅

目次

序一　鬃毛依然，氣勢如昔的王玨先生 / 027

序二　我所知道的王玨先生 / 030

正視台灣影史文化的荒謬現象 / 035

白山黑水孕育豪邁性格 / 042

愛國熱潮投入抗戰洪流 / 047

《花蓮港》開拓台灣影劇事業 / 092

重啟中山堂話劇時代 / 101

在台電影又從頭 / 106

為華人爭光 / 129

返台打拼的影壇父子兵 / 155

兩度跨越一甲子 / 166

王玨演出的華語電影 / 178

王玨演出歐美影片主要片目 / 183

王玨演出話劇一覽表 / 185

參考書目 / 190

王玨九十年的人生影劇之旅

正視台灣影史文化的荒謬現象

　　今年九十四歲的台灣資深影人王珏（George Wang），是現存兩岸三地唯一從重慶時代就當主角，拍片最多的碩果僅存的巨星，也是台灣電影的真正開山祖，1948 年主演台灣光復後第一部影片《花蓮港》的男主角，又是政府遷台後第一部影片《惡夢初醒》的男主角，更是重啟台北中山堂話劇史的開拓者，也是兩岸三地唯一拍歐美片最多的東方巨星（近五十部歐美片）。這樣一位中國影史、台灣影史甚至世界影史都是碩果僅存的兩岸三地中國影壇的國寶級重要人物，但在台灣文建會和國家電影資料館 2001 年 5 月出版的 430 頁八開巨型的《世紀回顧圖說華語電影》一書中，居然從頭到尾找不到一張有王珏人像的劇照。也沒有王珏主演台灣拍得最好、最賣座的反共片《罌粟花》中有王珏

---

[1]　《世紀回顧圖說華語電影》黃仁是掛名總編輯之一，但編輯過程中，除了請黃仁提供圖片外，內容從未給黃仁過目。

的劇照。台灣農教時代，唯一因穿插平劇在義大利國際特種影片展得獎的《軍中芳草》的劇照，是台灣軍教片的始祖，是王玨唯一主演兼聯合導演的作品，竟然被刪掉。還有重慶時代，王玨主演的兩部抗日戰爭片《保家鄉》和《好丈夫》是抗戰影史上非常重要的關鍵影片，居然全漏了。更可笑的是，該館出版另一部台灣影史書《歷史的腳蹤台影五十年》書中，也沒有一張曾任台製技術主任、製片主任的王玨的照片，這本書雖有《罌粟花》的劇照三張，卻沒有一張劇照中有男主角王玨。台製在廖祥雄廠長時代和饒曉明廠長時代，都分別出版過台製歷史書，這兩本台影史書都有不少王玨的映像圖片。而且，國家電影資料館曾做過王玨的口述歷史，不會不知道王玨在兩岸影史上的重要性，上述兩本電影史書卻做了排斥王玨的事實，漏了許多影史上重要圖片，可能是由於主編者對電影史的外行造成，世界上可能沒有一本耗資百萬的巨型電影史書會這麼荒謬。現在有關方面正重振台灣電影文化歷史的此刻，又是迎接中華民國百年大慶的好日子，為了珍惜王玨這稀有的台灣影劇國寶，並為糾正官方影史書的嚴重錯誤，2009 年的金馬獎已頒給王玨特別貢獻獎，現在為他立傳出書正是適當時機，事實上王玨的個人傳記就是一部整個兩岸三地中華民國電影史，可作為中華民國百年大慶，廣送海內外同胞及友邦人士最好的禮物。

1940年，重慶時代的王珏。

正視台灣影史文化的荒謬現象

王玨還有一項對台灣電影有更重大的貢獻，王玨說：「記得在政府遷台前，我已來過台灣三次。」第一次是 1947 年從上海到台灣霧社拍《花蓮港》內景在台製拍，這是第一次和「台製」接觸；第二次是 1948 年，我們籌拍《緬甸蕩寇誌》，到鳳山看景，但因上海已亂，所以無法拍成。1949 年夏天，共軍到了南京尚未進入上海，上海的各電影製片廠，都已被中共埋伏在各廠的地下工作人員控制，王玨因對台灣情況了解，不顧中共人員阻止，搶運中製的電影器材去台灣，將中製廠做地板的木板，訂了三百多個箱子，連夜將可用的電影器材，裝了三百多箱，另一方面去找船、找車，將器材吊上輪船，一百多個員工和眷屬，每人配備武器。每輛車上架起機關槍，中共人員看見王玨這樣積極行動，也不敢再阻止，船到基隆碼頭又全部運往岡山。

　　上海還有國民黨中電三個廠的電影器材。由於沒有王玨這樣的行動派強勢的領導，竟連一個燈泡都沒有運出來，完好的設備全變為中共所有，這時，台灣正籌拍《惡夢初醒》，由於農教公司所有設備都是拍 16 粍影片，缺少拍 35 粍影片的器材設備，好在中製器材運到，及時解決了農教的大難題。

　　中製廠人員撤退到台灣，部份人員和器材，分配到台中農教廠，在攝影棚旁建了鐵皮屋居住及沖洗房，解決了《惡夢初醒》的開拍問題，還有部份人員支援正愁無法開拍的《阿里山風

雲》，中製立即派攝影組組長陳繼光，負責該片攝影，中製人員撤退來台，不但協助了兩部影片開拍，還有部份人員進入台製，加強該廠新聞片的攝製，可以當天出片。前年金馬獎就是為王玨搶運中製器材人員來台奠定台灣製片基礎，頒給王玨特別貢獻獎。感激他對台灣電影製片業奠基盡了最大貢獻。

還有一點令人傷心的是，台灣報紙在報導王玨得《皇天后土》最佳男配角金馬獎時說：台灣年輕影迷認識王玨是從 80 年代《皇天后土》開始。王玨在重慶時代、上海時代以及從台灣去羅馬之前，至少拍了 20 部片。他到羅馬後又拍了近 50 部歐美電影，居然台灣很少人知道。可見台灣影史文化的落後。王玨在羅馬拍歐洲片，此間中央社曾有多次發出圖文報導，都刊在報紙的國際版，作為台灣新一代的影劇記者，不進修中國影劇史和台灣影劇史嗎？如此孤陋寡聞，不有愧職守嗎？

最使王玨傷心的是，重修台北市中山堂後，台北市文化局撰寫的中山堂話劇史，居然漏了王玨重啟中山堂劇運的一章，原來 1948 年（民國 37 年）南京國立劇專劇團來台演出《文天祥》和《大團圓》後，1949 年大陸政局大變，中共即將於 1950 年元旦建國，劇專劇團奉命即刻返回大陸，臨行匆匆把中山堂幕布燒壞，還偷走一個萬支燭光的大燈泡，台北市議會決議，今後中山堂不得出借演營業性話劇。1949 年中製廠撤退來台，隸屬發生

正視台灣影史文化的荒謬現象

1981年王珏以《皇天后土》獲得金馬獎最佳男配角。

王珏九十年的人生影劇之旅

問題，同人領不到薪水，生活無著，想演話劇維生，當時台北中山堂是唯一可演大型話劇場所，卻有禁令，身為大哥的王珏為同人生活著想去找當時台北市長游彌堅獲特准，才推出王珏導演兼演出的《密支那風雲》，重新啟開台北中山堂的話劇時代。接著在中山堂推出《桃花扇》、《文天祥》、《碧血黃花》、《董小宛》等連串精采話劇，帶動整個台灣劇運。這是台灣文化史上重要的一頁，也是王珏自認對台灣劇運最重要的貢獻之一。希望台北市文化局趕快補正。更希望文建會、新聞局、文化局等有關單位不要再忘了王珏，應給予 94 高齡的資深影人適當的尊重。王珏是兩岸三地碩果僅存的影壇國寶，他留在台灣，應是台灣的光榮，也是國家的文化財[2]。王珏的委屈，不是他個人問題，而是整個台灣文化歷史的荒謬現象，值得朝野人士共同來正視。

最難得的是，2006 年，王珏在家裡摔傷骨折，進行治療，當時文建會主委邱坤良獲悉，立刻坐車趕到天母王珏家中，親自慰問，並贈新台幣五萬元慰問金，這才是台灣文化主管對資深文化人的尊重，其他有關單位主管都仍不聞不問。

---

[2] 日本文化廳為尊重年高資深的文化人，列為文化財，由國家奉養，例如已故導演黑澤明，就是日本國家文化財，生前每年由國家發給養老金。

正視台灣影史文化的荒謬現象

白山黑水孕育豪邁性格

　　王珏是 1918 年（民國 7 年）11 月 12 日生於東北遼寧省安東市的八道溝杏花村，父親是女真族，母親是漢人，早年居住在黑龍江省，後來南遷安東，王珏在家排行第三，上有兄姐各一，家中以木材、蠶絲、中藥為業。東北的白山黑水的大自然，孕育了他北國粗獷雄偉的氣慨；培養出豪邁寬宏的性格。他長得魁梧高大、臉上稜角分明，是個天生的明星架子。他說話聲音渾厚低沉，他的舉止動作，在粗獷中略帶幾分書卷味兒。所以，從他身上不自覺地散發出無形的明星魅力。他為人豪爽，樂於助人，王珏本名春陽，讀大學時改名珏，是古代皇帝祭天用的玉器，姓名合起來是三個王，正合於他天生大哥的領導作風，易凝聚群眾力量。因此在重慶、上海、台北、羅馬，永遠有一群小老弟跟著他，靠他吃飯。〔按：他初到台灣住在台北市西寧南路的家，免費容納後來的四家大陸來的朋友（包括趙之誠、申江等）、大堆老小擠在一起，還供應飲食。〕

王珏九十年的人生影劇之旅

1935 年（民國 24 年）

1931 年九一八事變，日本佔據東北，1933 年王玨十五歲到北京就讀志成中學。1935 年，王玨考進東北大學唸經濟系，校長張學良，該校校址在北平，當年張學良正在西安成立剿匪總部，所以把部分學院遷至西安。王玨則回北平轉入歷史系。1936年底西安事變這些學院從西安搬回北平。

1937 年（民國 26 年）

1937 年七月七日盧溝橋事變，引發全國大中學生抗日風潮，王玨讀了兩年大學決心輟學，參加學生遊行的救亡圖存運動，從北京到天津、山東、安徽、河南等等城市鄉鎮，用歌唱、演戲激發民眾參加抗日熱潮，尤其演出街頭抗日劇演員與觀眾打成一片。

王玨回憶說：「我從小就對周遭的事物，產生莫大的好奇心，我喜歡去觀察、去探索、去詢問。所以在漫長的行軍中，我接觸到各階層的人物，他們有小人物，有大人物，我發現不同的山水，孕育出了不同的生活習性，他們的語音不同，他們的習慣性動作也不同，甚至一些價值觀念也不一樣。所以處處有學問，處處是文章，我一路行軍，一路讀到這些無字的活的書。」

白山黑水孕育豪邁性格

好奇的王玨開始去探索、去模仿。他由一個人的外表去猜想那人的背景，他也嘗試去學習各地的語言。此外在行軍的途中，一得空閒他就到處閒逛，找些不忙的小孩或老人閒談，在談話中，他有新的發現，也有了許多的疑惑。

　　——在這窮鄉僻野裡的村民們，為什麼也能侃侃而談忠孝節義的事蹟？

　　——孔孟思想、儒家忠恕之道，是怎樣進入了人們的血液裡的？

　　——是什麼因素，使這些沒有進學校的文盲，能了解中華文化的精義？

　　——是什麼力量，使這些鄉野村民有正確的倫理道德觀念？

　　在思索過程中，他深深肯定民間藝術——說書、彈詞、道情等，戲劇活動在民間發揮了一股不可思議的力量。他也了解了宋亡以後，元明戲劇為什麼會如此的發達，原來宋朝遺民藉戲劇來傳遞中華思想，保存中華文化。像塑金臉的寇準、斷陰陽的包公都帶有神話的色彩，但是在故事裡都有濃厚的教化意義。王玨在生活中發現了許多人生的奧秘，增進人生的知識，也找到了戲劇的人生。這時，他再度肯定戲劇的功能，也使他無怨無悔的為戲劇奉獻一生。

王玨九十年的人生影劇之旅

王珏伉儷遊北極圈。

白山黑水孕育豪邁性格

1999年王玨、黃仁在上海參加上海電影節與張瑞芳、秦漢合影。

王玨九十年的人生影劇之旅

愛國熱潮投入抗戰洪流

　　國立台灣藝術大學教授邵玉珍在她著作的《留住話劇表演藝術家》[3]書中，對王玨的歷史有如下的描寫：

　　由於九一八日本的入侵，東北已湧起了一片憤怒仇日的浪潮，尤其學生的愛國熱情，更是一股不可遏阻的洪流。學生們用各種方法示威、宣傳、吶喊來表示對侵略者的不滿。隨著戰火的擴大，學生的情緒也跟著高漲。後來學生發起愛國救亡組織。大家不分院校，不分科系，只有一個心願「打倒日本，救亡圖存，打回老家去」。

　　七七事變之後，日軍進駐平津，學生開始南下從事救亡工作，主要做文宣和勞軍的活動。由於戰況的吃緊，學生們隨

---

[3]　邵玉珍著《留住話劇表演藝術家》，民國89年，亞太出版社出版。

軍隊撤退，途中他們唱著愛國歌曲，並把途中看到的現象，用戲劇方式表現出來。他們用街頭表演來控訴日本人的醜陋行為，用動作表演來披露日本人的侵略野心。這些大學生並沒有受過戲劇的專業訓練，也沒有一定的戲劇腳本，他們只憑著一股熱情，全國各地最新的資訊，他們找出主題就一起討論，上台演出。這種在當時被稱為「街頭劇」或「活報劇」，當時演出深受大眾的喜愛，他們在軍中鼓舞起抗日士氣，在民間喚起同胞們同仇敵愾的心理。在王玨的記憶裡，他們的演出，在軍中獲得無限的共鳴，當時演到激昂處，戰士們也會聲淚俱下。在民間的演出，也常是不自覺地掀起觀眾的情緒，只要聽到觀眾高喊「打倒日本軍閥，趕走日本鬼子」。一時台上台下，大家就忘了演戲的是誰，看戲的是誰，只覺得大家已融為一體，身體裡充滿了熱血和憤怒。「現在想起……」王玨肯定地表示，「街頭劇在抗戰期間，確實發揮了它的作用。」

由於戰事的吃緊，1937 年王玨和很多同學一起南下，隨救亡工作隊由北平到南京，接受軍事訓練。不久，南京又瀰漫在一片戰火中，這群大學生再由南京、蕪湖行軍到南稜、呀山，再到江西景德鎮，一路到湖南長沙，輾轉到衡山才修完課程。在這一

王玨九十年的人生影劇之旅

《漢宮春秋》劇照,王珏飾演王莽,夷光飾演他的女兒。

愛國熱潮投入抗戰洪流

1957年，王玨與夷光在台北中山堂演出話劇《董小宛》。

王玨九十年的人生影劇之旅

段漫長的行軍過程中，是一場艱苦的奮鬥，他們有時一天要走一百里的路程，雖然疲憊，但是當時的年輕人都有「渴飲刀頭血，倦在馬上眠」的豪氣。對王玨來說，這一段艱辛的行軍路程，不但是一場人生的磨練，更是一個人生新的開始，因為他在這個時候，發覺了一些過去難解的問題，同時奠定了他一生從事戲劇工作的決心。

流亡學生行軍演戲

王玨自述：從小就很喜歡歷史，至於戲劇，是在抗戰時期流亡生活的沿途演出培養出來的，到了南京進中央政治學校接受軍事訓練，南京吃緊以後，就武裝到安慶，沿途行軍一直走到江西景德鎮，一路做宣傳工作。我對戲劇產生興趣，覺得其重要性，就是萌發於做流亡學生行軍演出時，感觸很大，覺得中國幅員廣大，交通又不便利，可是居住於鄉野的文盲老人對中國歷史卻非常了解，有儒家的思想，當時很好奇，後來得知是來自於戲劇教育的功效。不論何種地方戲曲表演的都是歷史故事，傳承教忠教孝的觀念，如包青天、文天祥的故事，藉戲曲傳達儒家的思想，深入民心，就在此時覺得戲劇的重要。後來到湖南衡陽，畢業分發到各部隊，當時政府為了人盡其才，只有一個條件可以離開，就是投考航空學校。我在 1935 年曾考取過，初試錄取後

愛國熱潮投入抗戰洪流

到漢口，但為參加複試，不想投身軍旅。1938 年 4 月左右中國電影製片廠成立了，上海的名導演、名演員，以及卡通專家、作曲家、攝影家等等，都紛紛到武漢，投效中製，為抗日的宣傳戰獻身。有孫瑜、洪深、史東山、應雲衛、高占非、魏鶴齡、何非光、鄭君里、舒繡文、王瑩、王士珍、劉雪庵等等，都匯集到中製旗下，使中製成為全國最大的製片機構。最高當局深感文宣工作重要，積極培訓人才，我經由好友黃仲翔先生——國大代表推介進了中製。中製首任廠長鄭用之和黃仲翔是小同鄉，世交之外，還是軍校三期的同學。鄭廠長知道我們班裡大多是平津來的大學生，至少國語比較標準，因當時採用同步錄音，同學之中有三男一女，後來只有我一人進中製。

國共合作抗日

1937 年 7 月 7 日抗日戰爭爆發後，為了全面抗日，國共宣佈合作，國民政府為表示合作誠意，將全國文化工作交中共管理，在指揮抗日戰爭的軍事委員會下，設總政治部（原為政訓處），由陳誠擔任部長，另設兩副部長，由國民黨的張厲生和中共的周恩來分任。周副部長直轄的第三廳，由郭沫若擔任廳長，主管全國文化工作。洪深、田漢、陽翰笙都在第三廳工作，成為郭沫若得力助手。尤其周恩來的親和力強，為拉攏文化工作人

員，重要劇團排戲，周恩來每天每晚都到場參觀慰問，培養了不少本是國民黨的工作人員，投入左派陣容。

正由於國共合作，當時影劇團體的成員也是左右不分，例如1937 年 12 月在武漢成立的「中華全國戲劇界抗敵協會」的理事名單，左右都有，包括張道藩、王平陵、洪深、田漢、熊佛西、馬彥祥、宋之的、應雲衛等 90 人。

1938 年 6 月，中華全國戲劇界抗敵協會在重慶成立分會，10月在成都成立分會，由於日軍逼近武漢，因此全國戲劇界抗敵協會總部也遷移重慶。

我國首屆戲劇節於 1938 年 10 月 10 日在重慶舉行，除了三組戲劇隊到各地公演外，10 月 28 日起到 11 月 1 日在重慶國泰大戲院聯合演出首屆戲劇節的壓軸戲四幕話劇《全民總動員》（又名《黑字二十八》），編劇：曹禺、宋之的，執行導演：應雲衛，劇本通過破獲一個代號為「黑字二十八」的日本間諜的故事，表現了全民總動員肅清內奸外特，奮勇參軍的主題。參加這個戲演出的工作人員二百餘人。著名演員趙丹、白楊、舒繡文、顧而已、施超、魏鶴齡、高占非、王為一等擔任主要角色。中製廠新人王玨也參加演出。國民黨中宣部長張道藩、國立劇校校長余上沅以及劇作家宋之的，導演應雲衛都登台參加演出，演員陣容之宏壯，堪稱空前絕後，被譽為戲劇界空前的盛舉，充分展現

愛國熱潮投入抗戰洪流

出當時第二次國共合作的團結氣氛。演出全部收入10,964元全部用於購寒衣送前線，其中半數收入是靠國民黨要人和商界鉅子購買榮譽券。

中製廠四大台柱

王玨說：年底中製廠由漢口遷重慶，直屬軍事委員會政治部第三廳，由陳誠部長副部長周恩來領導[4]，實際只有周恩來領導，劇團排戲期間，周恩來到現場參觀並關懷同人的生活，如家長般親切慰問，例如當時軍人薪俸少周恩來就對戲劇人員加發排戲津貼，有宵夜，所以演戲工作人員不覺得怎麼苦。就在郊區一個名叫純陽洞的地方建廠，是呂洞賓修道的地方。我們租了位在路邊的市場，裝修一下做宿舍。新廠內建攝影棚、技術室、辦公室等設備，在興建期間還不能拍電影，也不能閒著，於是開始演話劇，第一齣話劇名為《為自由和平而戰》，很轟動，在重慶國泰戲院公演，王為一編導，9 月 16 日起演了三個月。當時我年輕，外型也佔便宜，大多飾演軍人角色，我學過平劇。既可唱老生也可唱花臉，我又學過聲樂，唱男中音，但第一次話劇彩排

---

[4]　中製廠原是委員長南昌行營政訓處的電影股，政訓處改為政治部，由電影股擴大的中國電影製片廠也就直轄政治部，由周恩來領導，行營電影股是為剿匪而設，這時竟一百八十度扭轉，由匪領導，也就難怪這次國共合作會種下國民黨退出，中國大陸的禍根。

王玨九十年的人生影劇之旅

時，我站在舞台上，面對黑漆漆的劇場，我只知道把台詞一句句的唸，結果唸不到十句，導演就叫停，然後導演就走上台來對我說：「我坐在第十排都聽不清楚你在說什麼，叫後排的觀眾看什麼呢？」我很委屈的告訴導演，我已用了吃奶的力量了。這時導演告訴我，在舞台上說話，要用共鳴，從腹部發聲，而不是用喊的，因為你要說得前排觀眾不覺得太刺耳，又要後排觀眾能聽得見，如此才能贏得觀眾喝采。」王珏在第一次演出中，學到了話劇就是在一個框框中表演，他和觀眾之間要有距離，又要沒有距離；有距離，是指演出時你的聲音要使第一排的觀眾聽得見，也要使後排的觀眾聽得見，而演員表情也要使全場的觀眾有相同感受。好像演員哭的表情，真哭則使第一排觀眾覺得髒，而後排觀眾又看不見。所以如何使演出像真的人生，又要使演出像戲，這就是演員努力的地方。也是話劇迷人的地方。所以王珏一走進舞台，就不能自拔，再也離不開它了。王珏在舞台上高大寬偉的身材，沉重的音色，帶有粗獷雄偉的作風，正是所謂「硬派明星」，正反派都能演，更因此進入重慶的中國電影製片廠後，王珏和王豪、王斑、陳天國成為中製的四大台柱。在這四大台柱中，以王珏戲路最寬，拍的電影，演的戲最多。

　　1939 年 1 月 1 日，為紀念中華全國戲劇界抗敵協會成立一周年並慶祝元旦，重慶戲劇工作者近三千人舉行盛大火炬遊行，

愛國熱潮投入抗戰洪流

並別開生面地組織遊行表演《抗戰進行曲》。由《自由魂》、《民族公敵》、《怒吼吧中國》、《為自由和平而戰》、《全民總動員》、《最後的勝利》等劇中的人物與與情節組成，演出配以燈彩，以車輛為舞台，隨龍獅高蹺遊行隊伍前進。山城萬人空巷，爭看遊行演出。

中製廠在重慶純陽洞重建，足足花了一年多時間，將整個山丘剷為平地，建房屋，成為一個電影村，其中有兩個大攝影棚，兩座戲院，以及辦公廳舍和宿舍，都是廠裡的同人克難興建的。那兩座戲院，本來未列在建廠計劃內，由於租來的專屬戲院只能放映電影，鄭用之先生一氣之下，再移山建戲阢，就是聞名的「抗建堂」，成為大後方的話劇聖地，經常一齣話劇，連演三個月，盛況不衰，中製又與國立音專合作，首創演出中國歌劇《秋子》，是一項大膽的嘗試，由已故王沛淪指揮，效果很好。

當時，中製廠每一部門都做得有聲有色，尤其在電影製作方面，雖然底片來源非常困難，但是幾年之間，居然能拍出那麼多優良影片，非劇情片方面，除了抗戰新聞片外，還有抗戰歌輯七集、抗戰標語卡通片四集，以及抗戰言論集、中外新聞等。劇情片方面在漢口製作的有《八百壯士》、《熱血忠魂》、《保衛我們的土地》，到重慶後製作第一部片《保家鄉》，之後還有《好丈夫》、《東亞之光》、《勝利進行曲》、《火的洗禮》、《青

年中國》、《塞上風雲》、《日本間諜》、《氣壯山河》、《血濺櫻花》、《還我故鄉》等片，都是優秀的抗日影片。還有一部《建國之路》，拍了一半被敵機炸毀了。

1939《保家鄉》

出品　　　中製
監製　　　鄭用之
編導　　　何非光
攝影師　　王士珍
主要演員　王珏、英茵、羅軍、舒綉文。

1939年，何非光編導重慶第一部抗戰電影《保家鄉》，
照片中左為王珏、中間為王豪、右為王斑，被稱為「中製三王」。

愛國熱潮投入抗戰洪流

王珏隨中製遷重慶，演了話劇《中國萬歲》、《民族萬歲》、《民族光榮》、《董小宛》，在重慶拍的第一部電影《保家鄉》，是何非光編導的第一部電影，王士珍攝影，中製派王珏參加演出，也是第一次上銀幕。中製遷到重慶一面拍戲一面建廠，《保家鄉》，是分段式的群戲，揭露日本侵略者在我國淪陷區的殘酷暴行，激起我國人民反抗侵略，與國軍聯合起來打游擊，保家鄉，強調了戰爭的恐怖和敵人的可怕，也表現了我國軍民合作團結抗日的英勇壯烈士氣。全部是外景，王珏演的角色是個打鐵的漢子，民間抗日的英雄。

1939《好丈夫》

編導　　　史東山
攝影師　　王士珍
主要演員　王珏、舒綉文、陳天國、劉犁、井淼、沈若男。

　　本片是王珏第一次演男主角，導演是史東山，採取同步錄音，天一拂曉就得收工，晚上還得演話劇，《好丈夫》初定男主角的時候，編導委員會開了多次會議才決定

　　王珏說：有人提我當男主角，有人贊成也有人反對，導演史東山最後決定選我擔任。當時我佔便宜的地方是年輕，剛離開學

王珏九十年的人生影劇之旅

校，又受過軍事訓練，先天體型高大，在氣質上比別的男演員適合。這個角色是個壯丁，志願上戰場作戰，這部戲後半部有點套美國片《約克軍曹（Sergeant York）》的情節。說到這裡，我懷念舒綉文（女主角），她幫我很大忙。她演戲精湛，從16、7歲演到80歲老太太，演技好得沒有話說，在這部戲中，她鼓勵丈夫去從軍抗日，是愛國愛鄉深明大義的女性，我記得她在拍戲時，要我在鏡頭邊看。拍我的時候，她在旁邊看，這些都經過導演許可。史東山導演是很有修養的紳士派，指導我很多。而舒綉文曾告訴我感情要發自內心，情緒如何應用，大約拍到一半時，我的演技才開竅，結果這部影片深受好評。王珏說：「這一次的演出成功，應該感謝舒綉文小姐，因為在拍攝過程中，舒小姐給了我不少的建議和幫助，由於她的協助和指導，確實讓我在表演方面發揮了不少作用，而她的美好情操也在我心中留下難忘的印象。《好丈夫》故事發生在抗戰爆發後1939年。在四川某縣青年農民王鏢（王珏飾）和劉四因兵役抽籤中籤參加新兵訓練，不久將出發前線殺敵。有鄉紳潘老爺自私賄賂保長（井淼飾），使兒子緩役。此事被王鏢之妻（舒綉文飾）發現，率領村中婦女向保長質問。保長理屈，反斥責她們侮辱，要報告縣長治罪，王妻氣憤下托人寫信給丈夫，要他離營回家。代書先生勸她不要衝動，但她不聽，代書先生只好避開這事不寫，反而勉勵王鏢從軍

愛國熱潮投入抗戰洪流

報國。第二天縣長來慰問征屬，她們誤會大禍臨頭，將抓去治罪，十分焦急。經過解釋後，縣長嚴辦破壞兵役的保長和潘鄉紳，把「抗戰勇士之家」匾額送給王妻。但她想起昨天還寫信叫丈夫回來，急找寫信先生，偏偏這位先生酒醉如泥，呼之不醒。她只好另外請人寫信告訴丈夫得到縣長慰問和贈匾，要他好好受訓，努力殺敵。最後是新兵訓練完成，在歡送中開赴前線作戰。這是一部通過幾個鄉下婦女樸實正直性格深曉民族大義，犧牲自己暫時利益。反映民眾參加抗戰的熱情。鼓吹辦好兵役，好男兒應從軍的意義。表現了農民的純樸和熱情，及愛國的情操。也揭露了抗戰時期少數保長自私胡作非為。

　　1992 年北京電影學院學報第 2 期第 59 頁刊登研究生王海洲寫〈論史東山電影創作〉第 80 頁，有如下的評論，摘錄如下：

　　《好丈夫》在藝術上仍然具有敘述流暢、交待清楚的特點，為了說服各地農民——影片主要觀眾對象因方言而造成的語言障礙，史東山有意利用了默片形式，加字幕說明。影片公映後受到廣大農民的歡迎，人們稱讚它：「第一，他的故事是直進的有頭有尾的，類似傳奇的，通俗、單純，民眾易於了解。第二，那戲裡的主角是農民群，他們的外形到內在生活與抗戰時期的農村生活相近，農民看了不生疏……」《好

丈夫》是史東山繼《保衛我們土地》之後在藝術創作手法大眾化方面的又一次大膽嘗試。

1937 年怒吼劇社成立

　　1937 年 9 月重慶成立的「怒吼劇社」，主要成員是華北、東北一些大學畢業生流亡重慶和部分新聞、文化教界人士。成立的最初社址設在重慶炮台街華西興業公司宿舍，後遷至鐵板街2號。首次上演三幕抗戰話劇《保衛蘆溝橋》，連演4場，場場爆滿，盛況空前．被譽為當時重慶第一流水平的演出。

　　1940 年 4 月 1 日怒吼劇社擴大改組為中國萬歲劇團，郭沫若兼任團長，鄭用之任副團長。4 月 5 日，建團首演四幕話劇《國家至上》（又名《回教三傑》），老舍、宋之的編劇、馬彥祥導演，主要演員有魏鶴齡、張瑞芳、石羽、錢千里、張立德、王珏等。

愛國熱潮投入抗戰洪流

1940 年《東亞之光》

出品　　　中製
監製　　　鄭用之
故事　　　劉犁
編導　　　何非光
攝影師　　羅及之
作曲　　　許如輝
主要演員　日本反戰士兵高橋信雄、關村吉夫等29人及何非光、鄭君里、張瑞
　　　　　芳、王珏、虞靜子、楊薇、江村、孫堅白。

1950台灣時代的王珏。（徐凱倫攝影）

1940年，中製新廠完工，拍片增多，最令人注目的是《東亞之光》，導演何非光，是台灣人，前後留日八年，日語流利，他是演員出身，王玨比較談得來，他導演的片子，都有王玨參與演出，王玨說此片還有一淵源，當時有一批日本俘虜有航空駕駛員、船員，職位最高的是一位大佐（上校），這些俘虜中有二位是「日本反戰同盟會」的正副會長，在俘虜營中，說服他們反軍閥，進而加入同盟會，而後得到部份自由，做管理員（稱為服務員）、輔導員，全部自治。組成一個類似劇團組織。共有11人包括飛行員、船長、大佐、歌伎等，將他們各自遭遇被俘經過編成舞台劇。何非光看過他們的日語話劇後決定要拍成電影，該話劇拍電影後造成不小的震憾，因日本人宣稱「他們沒有俘虜，這些俘虜是留日的中國學生假冒的」。惱羞成怒之餘出動大批飛機轟炸當時已建成一半的中製廠，廠裡一位技術工人因而遇難。王玨為了演戲住進俘虜營，與這些日本俘虜相處在一起幾個月，一起喝酒、摔角，也學了日本話，還和日本俘虜做摔角遊戲，王玨後來第一次來台灣到山地，還被原住民當作日本人，王玨學的是日本軍人說的口語。在《東亞之光》片中王玨飾演游擊司令，兼任製片工作。

　　《東亞之光》故事改編自同名舞台劇，敘述重慶「博愛村」俘虜收容所前，一群已覺悟的日本俘虜正排演話劇《東亞之光》，接受某報記者做友誼的訪問，俘虜高橋三郎遂向記者痛陳

愛國熱潮投入抗戰洪流

他被俘的始末。兩年前，日本軍閥發動侵華戰爭，高橋也被征來華，抵達長江下游，山本薰大佐召開新兵訓話，信口開河，厚誣中國，說「支那」野蠻散漫，軍備簡陋，現代武器非常缺乏，連飛機都沒有，而「支那」人民，尤其殘忍，如果被俘，必遭虐待。無知的日本新兵多信以為真，都具戒心，也有新兵不擔心中國軍隊，恣意作樂，時有三五日艦，滿載傷兵，骨灰順流東下，眾皆黯然。不久，又有運輸艦數艘，載新式武器，正鼓浪前進，突見中國神鷹一隊，破空飛臨，機上國徽青天白日，赫然是中國飛機，剎那英勇投彈，多中日本軍艦，日本新兵驚惶恐駭失措，有人說「我們受騙了」，話剛說完，就遭山本舉槍射殺，棄屍長江，而於報告書上則偽稱為「戰死前線」，以欺騙日軍家屬。日本新兵抵華，作戰揚子江畔，數日後，便為中國游擊隊所俘，於是三百餘日兵，除少數死傷外，都被俘虜，山本大佐也被俘。他們解抵後方，國軍對日本俘虜態度親切，由於中國方面執行人道主義的俘虜政策，與山本所說的完全相反，其中覺悟分子如高橋等。都感激中華民族仁愛偉大，深信最後勝利定屬於中國，而殘暴的日閥必自食惡果，獨山本仍有偏見，認為被俘，有失皇軍威望，雖經胞弟次郎苦勸，始終不降。這時俘虜中村，重傷瀕危，彌留之際，告訴山本說：「大尉那天歸國時，請轉告我家母妻子，他們的千人針並未見驗。」山本聽他所說，更感羞愧。1939

年國父孫中山誕辰，在華日本反戰同志參加軍委會政治部婦女工作隊徵募寒衣公演，轟動一時，到山本登台時，全場歡呼，歷久不絕，山本大為感動，一變故態，覺悟造成民族仇恨，破壞東亞和平者，實為日本軍閥，一時竟忘置身劇場中，痛毆所飾日本軍官，以發洩他羞愧心情。劇終落幕，觀眾報以熱烈掌聲，山本醒來感動萬狀，熱淚盈眶。於是在華日俘，全部傾心轉向，並參加我方前線宣傳，作首次的播音，勸其他日本兵投降，唯有中日兩國人民合作打倒日本軍閥，才能使東亞重見光明。

1941 年 1 月 10 日《東亞之光》在重慶上映，開創了中製新片在國泰大戲院舉辦首映式的先河。政府要人，中製廠長鄭用之等都發表了熱情洋溢的講話。日本戰俘代表上台表示悔罪。最具戰鬥力的〈新華日報〉，以「偉大的友愛」為題，高度評價《東亞之光》影片的深遠意義。該片也得到了輿論的好評，一位署名「子都」的評論者說：「⋯⋯在攝影和音樂方面，《東亞之光》又有優異成績。羅及之的攝影，每幅攝影取景、布光，都超出了以往國產影片的技術水準。」作曲家許如輝的配樂發揮很大的襯助效果，氣氛非常感人。

1941 年 3 月 18 日，中國萬歲劇團在抗建堂演出宗由編劇的《玉麒麟》，吳樹勛導演，是他接任廠長之後，要有表現。舞台設計盧淦，舞台監督王豪。參加演出的演員有王斑、王玨、柏

愛國熱潮投入抗戰洪流

森、錢千里、朱銘仙、王豪、楊薇、井淼、房勉、彭士偉等。該劇演出營業不佳，報刊也冷淡，無評論發表。

1942年3月23日，中國萬歲劇團在國泰大戲院演出六幕話劇《江南之春》，原著係陳瘦竹的小說《春雷》，馬彥祥改編並導演。舞台監督潘直庵，布景設計盧淦，燈光設計程默，服裝設計馬彥祥。沈揚飾馬浪蕩，舒綉文飾七婆婆，寇嘉粥飾王大戶，張雁飾老胡子，趙韞如飾秋生嫂，江村飾榮少爺。李怡超飾王阿福，王珏飾秋生。參加演出的還有傅惠珍、井淼、楊薇、吳家驥、周伯勛、錢千里、蕭錫荃、田琛、王斑等。該劇原擬演出多場，因影響《屈原》原定3月23日演出。馬彥祥說服演出者而輟演。

1942年4月3日，留渝（重慶）劇人在抗建堂公演曹禺的《日出》，蘇怡導演，周彥舞台監督。布景設計盧景光，燈光設計章超群，服裝設計全道利。章曼苹飾陳白露，趙韞如飾顧八奶奶，姜韻笙飾李太太，王斑飾方達生，井淼飾李石清，陶金飾潘月亭，王豪飾胡四，王珏飾黑三，嚴皇飾小東西，朱銘仙飾翠喜，潘直庵飾小順子，謝添飾張喬治。共演出13場，觀眾5,560人。

1942年12月6日，由徐思波任演出者，用戲劇工作社名義在抗建堂上演《天國春秋》，導演以應雲衛名義，實為王瑞麟執行排演。舞台監督蘇丹，裝置設計姚宗漢，服裝設計盧淦，燈光

設計章超群。舒繡文飾洪宣嬌，項堃飾韋昌輝，章曼萍飾傅善祥，陳天國飾楊秀清，柏森飾侯謙芳，羅萍飾朱靜貞，寇嘉弼飾張炳垣，彭世偉飾陳桂堂，陳青飾張子明，王班飾賴漢英，王珏飾唐正財，阮斐飾紅鸞，李家琦飾雲姑，孫為力飾承宣。

應雲衛在公演特刊導演的話中說《天國春秋》：「無疑的楊韋之爭是主線，而洪傅的矛盾在整個故事裡不過是穿插的副線，可是在舞台上直接訴給觀眾的一切事實，最明朗的卻是戀愛事件容易喧賓奪主，應該加強主線，也就是強調主題」。

《天國春秋》連演 30 場，場場客滿，每當演到洪宣嬌醒悟後大呼：「大敵當前，我們不該自相殘殺」時，觀眾席中仍然響起讚賞這句話的掌聲。何其芳為此著文（見新華日報 1946 年 1 月 9 日《評〈天國春秋〉》）道：「因為中國人民所經歷的內戰太多了，太慘痛了，而今天，空前大規模的內戰仍然在進行。」

12 月 19 日，中共代表周恩來、鄧穎超、董必武、葉劍英、陸定一等來抗建堂看《天國春秋》，讚揚這時期演出該劇很好，並由陽翰笙陪同到後台慰問了演員。

中國電影製片廠顧問美國人賈德漢先後看過 4 次演出，拍攝了大量劇照，並擬將此劇介紹給美國觀眾。

1994 年 10 月中國萬歲刻團在重慶國泰戲院公演《董小宛》，袁叢美導演，舒湮編劇，秦怡、王珏、陳天國、楊薇等

愛國熱潮投入抗戰洪流

主演，此劇 1953 年 7 月 2 日在台北中山堂公演，導演仍是袁叢美，演員除了王玨，其餘都換人。其中秦怡換了夷光。

1945 年 5 月 1 日，有大同劇社，在抗建堂演出音樂劇《木蘭從軍》。編劇、作曲許如輝。導演、舞台監督蘇丹。演出者：潘公展、王曉籟。廣告以「佈景堂皇、服裝全新、音樂悅耳」相號召。演員眾多，有楊薇、井淼、韓尚俠、王玨、羅揚、方平、房勉、劉琦、田琛、李健、魯漁、徐普慶、易飄萍、趙芹、張倍榮等人。值得注意的是，羅揚是王玨的原配，演員王道的母親。當時同台演出，尚在戀愛階段。

難忘《清宮外史》的李連英

王玨說：「在抗建堂除了一般正統話劇演出之外，在周日或周末的日場，偶爾也演出即興劇，也稱為『幕表戲』。」這種戲沒有腳本，演員就時事問題或是社會現象，在舞台上隨個人的本領盡情發揮，這種演出方式需要默契也需要機智。知識豐富、頭腦靈活的演員。一出場做個表情，或說兩句就逗得觀眾哈哈大笑，這是對演員的挑戰，也是很刺激的表演活動，演員們把它看成訓練自己演技的最好方法。所以「即興表演」這種演出方式不是正統的話劇形式，卻是演員喜歡做，觀眾都喜歡看的演出形式。

王玨九十年的人生影劇之旅

在重慶 8 年裡，王玨在抗建堂裡演出無數的話劇。有《玉麒麟》、《文天祥》、《風雪夜歸人》、《雷雨》、《原野》、《蛻變》、《日出》、《桃花扇》、《清宮外史》等。在諸多的演出中以《清宮外史》最令王玨終身難忘，也是他最得意的演出，因為這是一場頗費挑戰的表演藝術。

王玨說：「民國 34 年（1945）團裡要演出《清宮外史》。這是第三次公演，導演找我演李蓮英，這是戲份吃重的角色，當然是令人興奮，但是以前有一位名角——史超，早已把李蓮英的陰險奸巧，刻畫得入木三分，當時人們只要一談到李蓮英就不做第二人想，可見得史超已經把李蓮英的角色定型了。」要去打破一個既定的角色是很冒險的事。正當王玨在猶疑的時候，導演楊村彬給了他一個「定心丸」。楊村彬說：「我是研究清史的專家，李蓮英長得風神俊秀魁梧高大，是一人之下，萬人之上的人物，他能進得宮來，又可以受到老佛爺的青睞，還可以周旋在光緒皇帝之間，自然有他的智慧，史超雖然演出了李蓮英的陰、權、奸、詐，但是缺少了富貴奴才的氣質。」而這些王玨有，所以在《清宮外史》演出前，編劇楊村彬找了許多有關的資料及圖片給王玨，包括慈禧給李蓮英的手諭等。王玨讀了又讀，決心重新詮釋這個角色，重新塑造李蓮英，結果王玨確實重新塑造了李蓮英的形象，精彩的演出，轟動了整個山城。

愛國熱潮投入抗戰洪流

值得一提的是1946年十二月廿四日南京行憲的慶祝晚會特別邀請王玨去南京演出《清宮外史》的李蓮英。

　　此外，在王玨的印象裡，演出吳祖光編的《風雪夜歸人》也過足了戲癮。他飾演劇中的法院院長蘇弘基，是一位有權勢、有財富，而且喜歡玩戲子，劇中乾旦魏蓮生愛上了妓女出身的玉春（蘇弘基的四姨太），魏蓮生和玉春私奔，被蘇弘基發現，盛怒之下將玉春送給了天南鹽運使徐輔成。但是到了晚年，了悟人生，放下屠刀，變成好人，心理的變化很大。王玨說：「當年我才 20 出頭，演出的是 40 幾歲到 80 幾歲的人物，同台又有楊露西等一時之選的演員，加上導演賀孟斧的藝術修養很高，對戲的要求很嚴，他重視演員的完美演出，所以特別講究，他導出的作品，都是膾炙人口的經典之作。」

　　我提過在重慶時代的劇運，正是國共合作時期，主管的官方人物有很多是左派，他們左派人士對話劇的推動比較肯苦幹積極活躍。長話短說，他們的作法非常聰明，有一句標語說：「寓娛樂於新生活中」，他們的確做到了。至少使百分之九十的人相信共產黨是對的。在潛移默化中接受他們的思想。就事論事，如果抗戰時期沒有國共二次合作，主管不是這批左派人士的話，大後方的劇運可能不會如此活躍蓬勃？這是值得深思的。

左派人士領導話劇

前文已有提到「中國萬歲劇團」團長是左派大將郭沫若，郭沫若在中國萬歲劇團建團之初，為振興抗戰宣傳事業，以軍委會政治部第三廳廳長兼任中國萬歲劇團團長，並為劇團寫了《中國萬歲劇團團歌》，以團長名義於 3 月 31 日晚在冠生園宴請重慶市新聞、文藝界人士，發布該團即將上演《國家至上》消息。當然，中國萬歲劇團實際主事者為王瑞麟，以後，王瑞麟確實也擔任了團長。當時參與該劇的演員都是一時之選，不分左右，如張瑞芳、王蒙、劉琦、房勉、王珏、羅蘋、井淼、王庭樹、古軍等影劇雙棲的名演員，除了演出《國家至上》，還演出其他名劇廿餘齣，是「中萬」全盛時期，在我國話劇史上佔有最輝煌的一頁。

中共企圖操縱中製編導，周恩來曾幾度拜訪中製，拉攏演戲人員，又舉行酒會招待工作人員，並利用左派報紙、左派文人大捧演員，有些演員上當，後經政府察覺，命令中共黨員在限期內退出中製，有些影片修改重拍，經一番整頓後，內部才安定下來。

政治部長張治中忌鄭用之廠長有「上達天聽」的特殊關係，因蔣委員長伉儷偶爾觀賞中製出品，必由鄭用之陪坐而親向校長報告或回答垂詢，張治中不講理由撤換了廠長，並親至該廠宣讀

愛國熱潮投入抗戰洪流

「佈達式」，詎知，全場演職員竟然肅立不願解散，而表示集體抗命。

鄭用之是工作狂，家裡是四川大地主，為了中製廠的壯大，私下賣了不少田地貼補中製費用，全廠員工 500 多人，包括一個萬歲劇團，一個歌唱團，一個雜耍隊，還有 40 個放映隊及電影工作人員，經常可以保持兩組戲同時拍攝，每一部門的工作人員，都做得有聲有色，尤其話劇的演出，為戰時陪都劇運掀起高潮，一個戲常演幾個月，聲勢浩大。張治中表面反共，其實另有陰謀，他擔任部長不久，就軟禁鄭用之，怕惹起員工反感，又用公費把他送到好萊塢考察，還派黎錦揚做他英文秘書隨行，鄭用之樂得開眼界不再抗命，新廠長吳樹勛，雖然爭取到美軍一批膠片，卻沒有運回廠，勝利後副廠長羅靜予升廠長，暗助中共接收，將華影最好的片廠，還有很多底片，送給中共，使中共立即可以拍片。

《雷鋒塔》的內幕

有東方劇團在抗建堂演出六幕古裝劇《雷鋒塔》。編劇為考古學家衛聚賢。導演周彥，副導演王豪，舞台監督魏鶴齡。演員有王珏、王望、宗由、項堃、虞靜子、魏鶴齡、羅萍。《雷鋒塔》是以一個傳說，一個預言、一個荒唐無稽的諷刺趣劇而出

現，劇作者企圖藉古喻今，諷刺現實，劇本把許仙寫成是善於囤積居奇的藥材商人，白娘子也不是規矩女人，她在塔中產子後，一定要索取 50 萬兩銀子賠償。劇評家劉念渠在《歉收的一年》（見《時與潮文藝》五卷四期）批評：

> 今天不少像許仙與白素貞的人存在，卻有他的社會原因，這不是用諷刺可以解決問題的。必須指出女性（以及男性）如何被封建傳統壓迫這一事實。才能有其現實性與積極性，才能還給這一傳說的真實面目，才能獲得高度的社會意義。

1945 年 5 月，左派名劇作家陳白塵到重慶，在重慶市劇協召開的座談會上，他說，1944 年，在寫劇本的熱潮中，洪深應衛聚賢之請，由陳白塵用三天時間寫成《雷峰塔》，署衛聚賢之名，由項堃等演出，揭穿話劇也有人事內幕。

《中國萬歲劇團》人才鼎盛

當時「中製」的「中國萬歲劇團」，擁有最佳的編導人才如：袁叢美、史東山、應雲衛、田漢、楊村彬等；演員則有白楊、舒綉文、楊露西、王珏、王豪、田琛、井淼等數 10 人，可謂人才濟濟，匯萃一堂。所以「抗建堂」所演出的每一齣戲，都

愛國熱潮投入抗戰洪流

令人讚不絕口，原因是他們擁有第一流的演員和第一流的編導，而且他們訓練嚴格，每一次的演出，都是藝術精品，讓觀眾獲得心靈最大的享受。因為如此，所以要看一場話劇演出，總要排隊好幾小時才能買到票。觀眾如痴如狂的情緒，真是難用筆墨形容。

「中國萬歲劇團」在抗戰期間演出許多經典之作，如曹禺的《原野》、《日出》、《雷雨》、陳詮的《野玫瑰》、老舍的《國家至上》、楊村彬的《清宮外史》、吳祖光的《風雪夜歸人》、郭沫若的《虎符》等，演員們的排演也是精雕細琢。王玨說：「當時排演一部戲，常要花上 3、5 個月的排練時間。演員們拿到劇本，先要選角色，再和導演一同讀劇本，然後分析角色，還得把角色特性格寫下來，開會討論，演員們不但要對自己的角色有充分的認識，而且對於全劇的演員角色也要有充分的認識。當時流行俄國戲劇家史坦尼斯拉夫斯基的戲劇理論體系「生活在角色中」，所以演員們在沒有排戲或演出的時候，還要彼此討論角色剖析等工作，等一切決定好了，每一次的演出，都要像鐵燒到最熱的時候下錘子，每一錘都會迸發出火花。」

王玨說：「那時的話劇運動實在令人懷念，主要原因是當時台上台下演員與觀眾同時在成長，比方說，當時一齣話劇有四、

五幕，時間長約四小時左右，如太短觀眾不過癮，通常在上演到第三幕才有老戲迷來，以為有壓軸戲可看，即因不瞭解之故。因當時電影很少演，一般人民沒有娛樂，又不懂什麼話劇，所以我們教育了觀眾。」

當時學府集中在重慶沙坪壩，距離中製有 2、30 里路，戲散後，無車可搭，走路回家，台灣中央日社長報楚崧秋先生即在其中。如遇到下雨，觀眾睡在戲院，與演職員一起同樂，那種景況真可謂前無古人，後無來者。

王玨回憶說：「我從小就對周遭的事物，產生莫大的好奇心，我喜歡去觀察、去探索、去詢問。所以在漫長的行軍中，我接觸到各階層的人物，他們有小人物，有大人物，我發現不同的山水，孕育出了不同的生活習性。他們的語音不同，他們的習慣性動作也不同。甚至一些價值觀念也不一樣。所以處處有學問，處處是文章，我一路行軍，一路讀無字的書，所謂『行萬里路，勝讀萬卷書』。」

重慶拍片最多的主角演員

抗戰期間，膠片來源困難，中製因是軍方片廠，由美軍協助進口底片，共拍攝了 11 部影片，王玨以他魁梧健碩的外型和拍戲認真的態度，一進廠就贏得導演的青睞，除了演話劇，也演

出電影，《保家鄉》、《好丈夫》、《日本間諜》、《塞上風雲》、《東亞之光》、《氣壯山河》、《警魂歌》等七部，是重慶時代演電影最多的主角演員。這些影片的拷貝，在北京的「中國電影資料館」都有保存，抗戰紀念日曾拿出來放映過。

1941《日本間諜》

出品	中製
監製	鄭用之
編劇	陽翰
導演	袁叢美
攝影師	吳蔚云
主要演員	王珏、羅軍、陶金、劉犁、王斑、王豪、何非光、江村、秦怡、虞靜子、李青來。

　　1941 年王珏主演的《日本間諜》到 1943 年才完成，是重慶時代的大製作。他演東北抗日聯合游擊隊隊長。當時拍片環境之艱困，非現在台灣讀者所能想像，108 架日軍飛機侵入重慶防空警報後，又是 108 架飛機；躲了防空警報卻被炸了攝影棚；同時，由於物質的短缺不但拍片的膠片進口非常困難，演員的化妝道具幾乎變成不可能。當時所謂「重慶精神」拍片，《日本間諜》足為代表，片中范斯伯是俄國人。由中國演員羅軍飾演。當

王珏九十年的人生影劇之旅

時沒有假頭髮，要用羊毛線代替，不論頭髮、鬍子，都要一根一根的沾上去，演范斯伯的羅軍必須提早到片廠，下半夜化妝要 4、5 小時，等化好妝演員都很想睡覺，疲累不堪，可是好戲尚未登場，必須用萬金油等等刺激精神拍片。這時，只有敵機來時，才有休息機會。當時片酬很低，沒有人會計較，伙食很差也不在乎，大家在乎的是，如何完成最艱鉅的工作。

當年重慶的軍民，每天都生活在敵機的威脅之下，有時敵機一天來好幾次，因此，《日本間諜》拍片時，雖因敵機來臨，可以休息，但這休息卻在恐怖中。1939 年 8 月間，敵機大肆轟炸重慶，「中製」廠址被炸燬，廠長鄭用之受彈片擦傷，劇務主任周伯勳受傷更重，廠中人員雖有死亡，但攝製工作並不因廠址被炸而中斷，相反地工作人員的精神卻加倍振作，並促成政府當局建造新攝影場，而且決心擴大全廠組織。

「中製」新建攝影場矗立在重慶郊外的紅陽洞，全部建築費 50 萬元，它在當時中國影壇可算是最新式最完備的攝影場了。這座攝影場下面還有一所地下攝影場，它是預防轟炸設備用的，地下層下面還有堅固的儲藏室，凡膠片、拷貝以及珍貴的機械都安置在儲藏室裡。

新廠工程於1939年動工，年底完成，1940年元旦日舉行落成典禮。《日本間諜》依正常情況，最多 3、5 個月可以拍完，由

愛國熱潮投入抗戰洪流

於敵機的干擾，自1941年元月正式開拍，前後花了三年時間，到了1943年才完成。最後影片殺青時，同仁胼手胝足的攝影棚又遭日機炸毀。

該片由陶金、王珏、秦怡、羅軍、吳家驤、何非光等人主演，1943年4月在重慶的三家大電影院國泰、唯一、抗建堂首映。這裡轉載當時《新民晚報》的評論如下：

> 一個職業特務范斯伯，他曾長期居住中國，做過張作霖的幕僚。九一八日寇侵佔東北時，他正住在哈爾濱，日本大特務土肥原強迫他替日本特務機關工作，後來由於他在暗中幫助了抗日義勇軍，特別是抗日聯軍，日本特務機關要祕密處死他，他冒死逃出來，以後就寫了「神明的子孫在中國」。電影劇本是根據這小說的基本情節編寫的。

故事講的是東北淪陷不久，范斯伯在日本大特務土肥原的威脅下，被帶去見他的上司日本特務機關長。這個特務頭子在吹噓了一通日本的大陸政策後，要求范斯伯協助日軍用各種方法詐取滿州人民的錢財，以彌補日本在侵華戰爭中招致的所謂損失。接著，影片描寫了日本特務機關進行販毒，掠奪武裝移民等罪惡勾當；也描寫了日本的許多貧苦少女被騙到東北，強迫她們當妓

王珏九十年的人生影劇之旅

女（慰安婦）的無恥行徑。影片還揭露了日本憲兵隊見日本特務機關如此撈錢，眼紅之下，也竟相繼開設賭場、妓院和吸毒店，因而引起了與日本特務機關的武裝衝突。影片中更描寫了東北抗日聯合游擊隊的奮戰，當范斯伯得悉日本軍車隊決定開赴北滿要剿滅義勇軍時，他就把這個情報告訴了抗聯的負責人王珏，使抗聯得以在橫道河子炸毀了日本兵車。事後，日本特務機關派范斯伯去偵察，日本憲兵隊也派出了大隊人馬前來清剿，遂使橫道河子一帶村莊成了人間地獄。當夜，在范斯伯的幫助下，抗聯又向日軍進行了突襲，包圍了橫道河子，全殲滅了敵軍。影片穿插了日本特務機關綁票、勒索等活動，因所索不遂，竟做出了撕票等罪行，最後范斯伯的行蹤被日軍發覺，派兵逮捕他，卻被他逃走了。這部片不但規模龐大，而且困難重重，枝節橫生，幸好賣座鼎盛，在重慶就有四家戲院連續演映一個月以上。

在這部影片中，編劇陽翰笙通過描述范斯伯的親身經歷，暴露了日本帝國主義者在東北犯下的滔天罪行；揭露了日本特務機關和憲兵隊敲詐勒索、販毒營妓、殘殺掠奪，無惡不作的無恥行徑；描寫了我東北同胞在日寇鐵蹄下痛苦生活，以及抗聯和義勇軍的英勇鬥爭。（原刊 1943 年 6 月 26 日《成都新民晚報》）

愛國熱潮投入抗戰洪流

1940《塞上風雲》

1940 年，陳天國、黎莉莉、舒綉文、王玨演的《塞上風雲》，陳天國是主角，王玨因拍《日本間諜》無法隨隊去榆林拍外景，應雲衛導演還是給他留了個角色在重慶補拍。

故事如下：

這是抗戰時期第一部表現各民族團結抗日的影片，蒙族青年迪魯瓦（周峰飾），性情豪爽，愛上了蒙族少女金花兒（黎莉莉飾），他因見金花兒與漢族青年丁世雄（陳天國飾）經常親近，心懷妒意。丁世雄祖籍遼寧，從小隨販馬為生的父親旅居蒙古地區，時常思念淪落敵手的東北家鄉。這時七七抗戰爆發，潛伏蒙古地區近 20 年的日本特務長（周伯勛飾）開始行動了。他操縱了當地糊塗顢頇的王爺，把特務機關設在王爺府裡，並假扮成喇嘛濟克揚，到處煽動造謠，進行破壞活動，同時利用迪魯瓦對丁世雄的不滿，挑撥蒙漢兩族人民的關係，製造糾紛。但日本特務長了解這一陰謀，不久即為金花兒的哥哥，丁世雄的好友郎桑（王玨飾）所發覺，於是特務長又派爪牙綁架了郎桑，這一綁架陰謀隨即被服役於王爺府的迪魯瓦的妹妹諾爾吉娜（舒綉文飾）發現，諾爾吉娜以蒙漢兩族團結抗日的大義爭取了王爺府保安隊的反正，一度受騙的迪魯瓦也明白真相，和丁世雄盡釋前嫌，言

王玨九十年的人生影劇之旅

歸於好，一起參加了援救郎桑的鬥爭，影片最後，蒙漢兩族人民進攻王爺府，擊斃日本特務長，但在戰鬥中，金花兒不幸中彈負傷，看著並肩作戰的迪魯瓦丁世雄等含笑逝世。

根據香港南天書業公司出版，公孫魯著的〈中國電影史話〉238 頁記載，《塞上風雲》是由「中電」喬遷「中製」，經過如下：

一般人總以為《塞上風雲》是由舞台搬上銀幕的，詎不知它卻是電影劇本改成舞台劇，舞台上演紅之後，再拍成電影的。同時，本來是「中電」的電影劇本，到後來「中製」的生產力強，就由「中電」讓給「中製」拍了。

原來，該劇的編撰人陽翰笙，戰前住在南京，「中電」要他寫一個能激發國家民族意識的劇本，他看了，「中電」許多邊疆新聞片，覺得如果能把若干塞外風光的紀錄片子，插進故事裡去，拍攝時必然既省事而情景又逼真。於是，他即構思了一個以蒙古地方為背景的劇本《塞上風雲》。

促成此事最力的是「中電」攝影師周克，他那時看到由攝影師出身的卜萬蒼，成了中國數一數二的大導演，見獵心馳，也想改任導演，故楊翰寫這劇本時，他是最起勁的。而且，他向「中電」提議過，拉金燄、王人美來任男女主角，「中電」當局也接納了，但劇本寫成，來不及拍，就爆發了「七七」事變。

愛國熱潮投入抗戰洪流

南京撤退，政府重心移到漢口，全國抗戰情緒益形激昂，抗戰宣傳工作亟須開展，此時話劇活動就為文藝工作者所注意了，但一時劇本缺乏，陽翰笙即把已寫成的電影劇本《塞上風雲》，改為舞台劇，漢口演出成功，在西南大後方，更是婦孺皆知的名劇了。

　　陽翰笙改編話劇的時候，陳天國和他住在一家旅館裡，有一天陳天國到外面去，不知為了什麼事，和一個外國大漢衝突，被那外國人打了一頓，他的體力不支，很吃了點虧，回到旅館，氣得哇哇叫，對著鏡子，連連自己摑耳光說：「我為什麼要被洋鬼子侮辱？我還算個中國人嗎？」這一下觸發了陽翰笙的靈感，在《塞上風雲》的第三幕，就插入偽軍司令於覺悟後，連摑自己幾個耳光，恨道：「我為什麼要當漢奸，還算個中國人嗎？」所以，該劇第一第二兩場是連貫一氣的，第三幕連不上去了，就因為硬插這一場戲的關係。其後，「中製」拍這張片子，由應雲衛導演，黎莉莉、舒繡文、陳天國、周峰主演，飾那個自打耳光的偽軍司令的，正是陳天國，亦可謂駕輕就熟的表演。

1944《氣壯山河》

出品　　　中製
監製　　　鄭用之
編導　　　何非光
攝影師　　姚士泉
主要演員　黎莉莉、王豪、王珏、宗由、王斑、田琛、錢千里。

　　敘述青年軍遠征緬甸的故事。1943年大後方發動全國智識青
年從軍運動，組成戰功顯赫的青年軍，出征緬甸，青年軍官破壞
日本間諜網，又和華僑少女戀愛，最後冒險將日軍全部消滅。詳
細故事如下：

　　少女馬瑪琪與其父母兄弟僑居緬甸多年，生活安適。太平洋
戰爭爆發後，緬甸淪陷，瑪琪的母親與弟弟因抵抗日軍，慘遭殺
害；父親與哥哥也被日軍抓去。瑪琪虎口逃生，在邊境被中國遠
征軍所救。遠征軍的林團長與陳指導員問明情況後，將瑪琪送到
當地劉保長家暫住一夜，準備翌日將她轉移到後方。瑪琪復仇心
切，說服了劉保長與林團長（王珏），留在前線為祖國效力。
一天，瑪琪偶聞陳指導員對部隊講話，深受感動，加之陳英武不
凡，竟然芳心暗許。瑪琪向陳示愛，而陳則以肩負國家民族重任
婉拒，瑪琪的熱情並未因此稍減。一次，瑪琪偶然發現兩個日本

愛國熱潮投入抗戰洪流

特務偷拍中國軍事要區，立刻向陳指導員報告。陳果斷出擊，將日本特務組織一網打盡。軍民歡欣之際，瑪琪終於覺醒，毅然拋開兒女之情。林團長忽然接到緊急命令，率部屬會同盟軍進攻緬甸日軍。瑪琪思鄉心切，與劉保長一起加入隨軍救護隊。中國軍隊夜襲成功，以破竹之勢攻入城內。瑪琪的哥哥乘敵兵混亂之際，率領難友越獄，與軍隊裡應外合，將敵軍全殲滅。瑪琪的父親早已在敵人酷刑中喪生。瑪琪與哥哥劫後重逢，悲喜交集。中國軍隊在萬眾歡呼聲中凱歌入城。盟國友人在當地舉行歡迎會，感謝中國將士。瑪琪因能重回家鄉，向陳、林致謝；並與哥哥一起表示，待家事妥當之後。將回祖國參加建設工作。次日，瑪琪兄妹和劉保長與民眾一起，歡送中國軍隊出發。在重慶出版社出版的藍為潔著《羅及之感受藝術人生》書中第 71 頁，有羅及之回憶：

> 何非光創作態度十分鮮明，大敵當前，一心以抗日為中心，沒想到這部《氣壯山河》似乎曇花一現，拍攝了完成了、公映了……就劃上句點，褒貶俱無，讓何非光暗自納悶。

此片曾在光復初期的台灣上映，聲勢頗大，《新生報》白克影評相當叫好。

中國電影製片廠以大地影業公司名義在香港拍的《白雲的故鄉》，因太平洋戰爭香港淪陷而未完成，中製廠人員回到重慶補拍。王珏說他有參加重慶補拍的《白雲的故鄉》演出，因此王珏在重慶時代共拍了 8 部影片。

1945 年 2 月 10 日，陽翰笙的五幕史劇《草莽英雄》，由中國勝利劇社在白克管理的重慶青年館公演。導演沈浮，演出者及舞台監督張光，裝置設計任重（即任德耀），服裝設計盧淦，燈光設計汪公達，道具設計王杰，效果設計李祥雲，化裝設計周文燨，舞台管理熊光。

主要演員如下：少年甲（周文燨）、羅選青（項堃）、少年乙（胡杰）、時三妹（林靜）、駱小豪（柏森）、唐彬賢（蘇繪）、朱老九（李緯）、翁老幺（周旭江）、羅大嫂（林婿）、魏明三、（房勉）、何玉庭（王珏）、李成華（張立德）、吳文波（李子和）、馮杰（董霖）、王雲路（梁寫生）、汪六（王杰）。

《新華日報》3 月 7 日刊登歐陽山尊的《評〈草莽英雄〉》一文。文章贊揚了劇本主題積極性；批判了保路同志會領導羅選青缺乏明確的政治方向，被勝利沖昏了頭腦，走上個人英雄主義的道路；女英雄時三妹只是為她的哥哥報仇，忽略整體人民的仇敵。劇本不足的是保同志會發動群眾只提「排清興漢」，沒有提到保路與廣大人民切身利益的關係。描寫農民陳二順時，強調其

愛國熱潮投入抗戰洪流

保守與落後，而沒有強調農民樸實、純潔、堅定、勇敢的本質。

文章關於演出的評論是：導演對作品主題積極性未能給以應有的發揮，對於劇本漏洞未能很好的予以填補。比如羅大嫂勸羅選青假投降，這和羅大嫂性格似乎不調和。如強調一下羅大嫂對丈夫的熱愛，只求先出獄再說就可以解釋通了。

文章說項堃、王珏、張立德等的演技非常熟練，但群眾演員的排練和化妝都嫌不足。

1945 年 2 月 13 日，中國萬歲劇團今日起在抗建堂演出四幕八場歷史古裝劇《秣陵風雨》（原名《桃花扇》）。編劇周彥，導演賀孟斧，舞台美術方菁、賀孟斧，舞台監督姚宗漢。參加演出的演員有：楊薇、項堃、劉琦、羅苹、李健、董霖、房勉、柏森、王豪、井淼、王珏、梁篤生、周影魂、王杰、周旭江。該劇根據古典戲曲《桃花扇》改編，但與孔尚任的原著在主題的側重與人物性格方面都有較大的區別，只是藉侯方域、李香君的故事表彰「氣節」，貶斥抗戰現實中的「投降之風」。導演賀孟斧又是舞台美術家，著意於詩情畫意的渲染，創造了優美動人的舞台形象。全劇經過導演賀孟斧刻意再創作，增色不少。項堃扮演的蘇昆生獲得好評。

周彥自述寫《桃花扇》的目的，乃「針對當時投降之風喧囂的重慶，借侯方域這人物加以貶斥，借古喻今」。

1945 年 9 月 15 日，為紀念今年 5 月 10 日逝世的賀孟斧，新中國劇社今日在抗建堂再演賀孟斧在世時導演的《風雪夜歸人》。開幕前有京戲鑼鼓鬧場，幾乎讓觀眾認為是京戲。此次演出者為徐思波，舞台監督任德耀。男女主角仍為項堃、路曦，其餘有洗群、伍必端、史林、王珏、衛堅、閻杰、黃宛蘇、沈揚、張立德、程代輝、葉高、林霞、吳大陸等參加演出。

　　1945 年 10 月 17 日，14 軍政治部的一四劇團，現又在抗建堂上演《野玫瑰》。演出者谷若虛，演員有劉琦、王珏、陳莉、井淼、錢千里、房勉、羅揚。

　　《國民公報》10 月 26 日報導謂：「王珏等主演之《野玫瑰》游擊性太重，劇界人士頗多非議。」11 月 1 日又發消息曰：「《野玫瑰》演出收入頗佳，可見該劇仍受歡迎。」

1945《警魂歌》

　　1945 年王珏在重慶拍了一部《警魂歌》，編劇寇嘉弼根據中央警官學校教育長李士珍原著《大同之路》改編，又名《敢死警備隊》，湯曉丹導演，王士珍攝影。

　　主要演員有王豪、宗由、康健、王珏、田琛等人，男主角王豪在拍片前，曾到中央警察學校受訓一個月，演得很逼真。

中製南京時代的代表作《警魂歌》，第一部宣揚警政建國的電影，圖中為王珏。

王珏九十年的人生影劇之旅

中製南京時代的代表作《警魂歌》，
第一部宣揚警政建國的電影，圖為該片看板。

089

愛國熱潮投入抗戰洪流

故事描寫中央警官學校畢業的警官被派到某縣服務，先後發生國民兵團軍用電台被破壞和副團長遇刺事件，偵緝隊長墨守成規，誤為情殺。新警官斷定是政治陰謀，深入調查，終於破案，抓到敵人的間諜，偵緝隊長向他學習科學偵查罪案的方法。

1948 年 1 月 20 日《警魂歌》在台北首映，警務處王民寧和台北市警察局長李德洋對本片極為讚賞，建議各地警民協會包租放映，供警民欣賞。

關於《警魂歌》，導演湯曉丹有一段回憶，刊在他太太藍為潔著的《父子藝術家》（浙江人民出版社出版）52 頁，摘錄如下：

> 中國電影製片廠廠長給了我一個電影劇本《大同之路)。劇本描寫年輕警官就職不久，就碰到一樁惡性犯罪案件，軍用電台遭毀，團長被殺身亡。偵查隊長下結論為「情殺」。年輕警官認為疑點太多，於是展開調查，結果是日本間諜所為。最後將暗藏的敵人一網打盡。
>
> 這個本子，屬情節戲，寫得結構紊亂，但是它的主題是打擊日寇。我心中對日本軍國主義存著不共戴天仇恨，所以向廠長要求，請編劇寇嘉弼執筆重新編寫，同時表態，如果能這樣，我願導演。
>
> 寇嘉弼與我同住一房。平時談吐時流露出相當水平。他不負

王玨九十年的人生影劇之旅

大家期望，完成了編劇任務。攝製組成立，大家建議把劇名改為《警魂歌》。在重慶上映時就叫《警魂歌》。1946 年到上海公映時，發行商為了票房收益改名為《敢死警備隊》。此片公映後，男主角王豪的警官形象很受歡迎。特別是日本投降後。

中製人員乘軍艦最先到上海接收，中共接收人員後到上海，中製有關人員竟將華影最好的片廠，還有底片給中共，使中共可以立即恢復拍片，拍出連串罵國民黨影片。

1946 年（民國 35 年）12 月 25 日，政府實施憲政，軍事委員會撤銷，中製改屬於聯勤總署，有關方面為慶祝行憲，由中製公演《清宮外史》，指定王珏演李蓮英，轟動上海。

愛國熱潮投入抗戰洪流

《花蓮港》開拓台灣影劇事業

　　1946 年，抗戰勝利第二年，王玨隨政府由重慶到上海，當時上海人文薈萃，各地劇團紛紛重整旗鼓，有從西南大後方來的，有從重慶來的，也有當地知名的演員，加上觀眾對戲劇如癡如狂的喜愛，所以舞台藝術達到了最高峰。但在喧嘩熱鬧的背後，正暗湧著一股腥紅邪惡的行動，那就是共產黨的滲透，弄得人心惶惶不知所措，1948 年 5 月王玨在上海曾與白光合演《殺人夜》是新時代公司出品的獨立製片（楊蘇編劇，岳楓導演，陳震祥攝影，白光、嚴俊、王玨、韓濤、周起、井淼、梅村等人演出），故事改編美國恐怖片《綠窗艷影（The Woman in the Window）》，描寫一起敲詐勒索、殺人害命、掩屍滅跡的命案，影片強調恐怖行動和變態心理。1947 年中製成立上海分廠開拍《萬象回春》影片，並請美國顧問，在南京籌備建總廠。另一方面派攝影隊隨軍到東北，拍新聞片，揭露中共行動。《萬象回春》於 1948 年才完成，由湯曉丹導演，周彥編劇，田琛、房

王玨九十年的人生影劇之旅

勉、穆宏、抒音、寇嘉弼等人演出。描寫新聞記者在黑暗社會壓力下，不屈不撓的奮鬥，終獲最後勝利。

1948 年中製又開拍《擠》，由周彥導演，東夷、宗由、田琛、寇嘉弼主演。描寫抗戰勝利後，上海到處人擠人，人浮亂世，是一部笑中有淚的喜劇。

1949 年開拍《黑名單》，陳天國導演，王珏、田琛、宗由等演出，是抗日間諜故事，撤退到台灣後才補拍完成。

1947 年 7 月，屬西北行轅的西北影業公司，派台籍導演何非光到台灣拍《花蓮港》，有安撫二二八後本省同胞的用意。由監製方一志率領導演何非光、攝影周達明、編劇唐紹華、男女主角王珏、沈敏、凌之浩、宗由等 17 人來台，在霧社、台東拍外景，由於何非光的哥哥會講山地話，做外景隊嚮導。而且山地日語教育成功，何非光和臨時演員溝通，非常方便。選了擅長歌舞的 8 男 8 女表演山地歌舞。在霧社雲海拍的歌舞場面極為美觀，有如人間仙境。內景在台製廠完成，回上海配樂、剪接、洗印，可說是台灣光復後攝製的第一部片。

片頭是一列火車，載送在海南島遣送歸來的台籍日軍軍伕中的山地原住民，回到花蓮山地。其中有酋長的長男（王珏飾演），回憶起自己的山地家鄉。

台灣光復初期，山地醫療缺乏，平地醫師（凌之浩）到山地

《花蓮港》開拓台灣影劇事業

服務，結識山地姑娘（沈敏）相戀，女方父親是酋長（宗由）不相信現代醫療，反對女兒愛上平地人，哥哥（王珏）從南洋替日軍作戰，遣送返台失業，更反對妹妹與平地醫生來往。幾經波折，透過醫療合作，相互了解，最後女主角為消除地域隔閡投潭自殺，兩家才有往來，父兄徹底改變保守封閉的觀念，有消除本省人與外省人之間隔閡的主題。全片在台中霧社山地及台東攝製，最主要特色是全片都採用台灣民謠配樂，由劉雪庵作曲，上海工部大樂隊演奏，主題歌〈出草歌〉及〈哇愛哇的妹妹呀〉，有民謠風味，後者在當時的台灣很流行，尤其茶室酒家等風月場中，人人會唱。該片於 1949 年在洛磯中國戲院首映，很博好評，同一時間該片在台北台灣戲院也首映，影評與票房都好過後來拍的《阿里山風雲》。導演何非光本有意在台中設廠，地方人士願意提供土地，初步計畫先拍《霧社風雲》，曾招考演員，但何非光返上海後，受左派影響，改變計劃，同時由於戰事影響，西北公司董事長張治中投共。1951 年《花蓮港》在台灣列為禁片之一。

1949年（民國38年）12月，蔣經國特邀上海來台的影劇界人士到中山北路蔣氏官邸共商如何在台灣拍片事宜。前排右起，威莉、鄧禹平、王珏、宗由；後排左起藍天虹、蔣經國、楊甦、崔冰、張徹、蔣方良、吳驚鴻……

《花蓮港》開拓台灣影劇事業

1948《出賣影子的人》

中電二廠出品

導演　　何非光
編劇　　吳鐵翼
攝影　　董克毅
主要演員　王珏、嚴俊、劉琦、威莉、顧夢鶴。

　　故事：居然有這麼一個奇蹟，周立銘無意中遇到了萬人景仰的財神爺，他把鏡中自己的影子賣給財神，換得了一筆不少的財富，馬上住了高樓，坐了汽車，聲色犬馬，驕奢淫侈起來。但是，周立銘還少個妻子。他為了對心目中的愛人有所表示，所以開了一次盛大的宴會，把理想的愛人韓沙荔也請了來，拿出巨大鑽石來向韓求愛，不料韓卻認為他發財來路不明，加以拒絕，而且韓已另有所戀了。周為了掩飾自己資財來路不正，特創立一個企業公司，大作其囤積生意，果然日臻發達。與此同時韓沙荔的愛人林紹清主持的印刷廠正因經濟困難，將用生財抵押借款，事被周知，馬上派人借出一筆款子，抓住了林紹清的把柄。一天，周發現了韓、林訂婚的消息，他一方面派人去向林逼債，又親自去找韓沙荔，預備破壞他們的好事，他到了韓住的公寓，反遭林紹清的痛毆，使他懷恨在心，派了他的保鏢胡貴去為他復仇。胡

貴找到林紹清後，卻因良心發現，未下手。周立銘想韓沙荔不可得，退而動起侍女意如的念頭，終把意如威逼成姦。胡貴被派復仇失敗歸來，周仍不肯善罷休，後來便設法栽誣林紹清患有神經病。病院中不查清楚，硬把無病的林紹清抓到神經病院，限制他的自由。韓沙荔為救林奔走而積勞成疾，周藉探病趁機逼韓和他結婚，並限期答覆，否則要置林於死地，韓迫不得已，不惜犧牲自己，勉強應允了周一切要求。給周立銘玷污，意如見他棄之不顧，使她萬分傷心，她想要刺殺周但無勇氣，終於遺下絕命書，自殺了。婚禮之前，周立銘出賣影子的秘密為他的帳房先生看破，周為了滅口，只好把帳房先生暗殺在他臥室之內，周依然強作鎮定去行婚禮。這時神經病院中的林紹清，終於被人查明是周立銘陷害，恢復自由。林出了醫院立刻帶了軍警趕到周家。周韓婚禮進行當中，意如的父親老管家黃永春為了女兒的屍首來找周拚命，周多方巧辯，這時，林紹清也帶軍警趕到禮堂，當眾宣布周立銘的罪狀，胡貴當時也自首證明周立銘曾有過教唆殺人的事實，引起了婚禮賓客的公憤，一致要殺這名「出賣影子的人」，周只好奪路逃走，大家窮追，他才覺得影子的重要。他逃到財神爺處，要求收回影子，但影子被囚過，已憔悴垂斃，等他收回，追逐的群眾已經趕到。他在狂喊「我有影子」聲中，被追來的人們開槍打中要害。這個奇蹟只是一個平凡人物的惡

097

夢，當他醒來，這個夢顯示了他發財要有限度，世間的便宜不可被自己佔盡。

二度來台

1949 年，王玨二度來台，籌拍孫立人將軍的姪子孫克剛寫的劇本叫《緬甸蕩寇誌》，也出過書．記述孫立人部隊在 1943 年深入緬甸北部叢林地帶，解救被日軍圍困的英國軍隊。我軍以寡敵眾，擊敗日軍一師團，英美軍隊對孫立人部隊的智勇雙全非常佩服。王玨到了鳳山去看外景，準備年底開拍，但回到上海後，局勢吃緊擱淺，中製孫瑜編導的《武訓傳》開拍，由趙丹主演。這時，孫瑜已加入共產黨，故意和中製當局搗亂，大吃大喝，以經費不足為理由，停拍，懸案多日。最後，中製忍痛送他 300 萬元金圓券，請孫瑜走路。孫瑜帶著未完成的影片及器材，進入左派的崑崙公司，完成《武訓傳》，可是大陸赤化後孫瑜卻因《武訓傳》被中共多次清算鬥爭，吃盡苦頭。

1949 年大陸撤退時，中共在中製內部潛伏份子，表露身份，與右派份子展開鬥爭，上海中製廠正在拍《悲天憫人》和《自君別後》，廠長袁留莘下令停拍，可是中共份子堅持要拍，雙方僵持，由於王玨來台兩次，知道台灣情況，說服大部分中製同人撤退到台灣，找到一條拆船，立即撤退。又有 12 部卡車可

載運器材，連夜裝箱，但是有很多技術人員、布景師等都是傾向左派，不肯來台，而且阻止撤退，王珏等撤退台灣人士全部配槍，車上再架機關槍，等於武裝撤退，還好左派未再阻止。輪船抵達基隆港碼頭，全部 300 多箱器材，包括 3.5 糎攝影機、沖片機、水銀燈、錄音機等。200 多名工作人員及眷屬，暫時安置在岡山營區。

電視劇《第三隻眼》華視出品，左二為凌波。

《花蓮港》開拓台灣影劇事業

影劇界盛大歡迎王玨，記者孟莉萍向王玨敬酒。

王玨九十年的人生影劇之旅

重啟中山堂話劇時代

　　抗戰時代在重慶，因膠片缺乏，少演電影，主要活動在舞台上，造成重慶時代空前蓬勃的話劇熱潮。民國 38 年，中製從上海撤退到台灣時，情況類似，生活艱難，膠片進口困難，不易拍電影，尤其中製撤退時隸屬於聯勤總署，到台灣幾乎無人管，薪水無著，甚至有些人住在走廊下，有些人擺路邊攤，大家為了生活，北上找王玨商量再搞話劇，於民國 38 年（1949）成立「成功劇團」，由申江主持，第一次在中山堂演出，由王玨和田琛聯合導演的《密支那風雲》，於 38 年 8 月 16 日起在台北中山堂公演，王玨利用中製廠拍電影的最好的燈光佈景人員，有一場戲是日機編隊來轟炸場面，用鐵絲網鋼絲拉動飛機模型，其中有被高射砲打中，旋轉落地爆炸，以往舞台上從未見過，並穿插草裙舞表演，觀眾看得如癡如狂，相當轟動。蔣經國也到場觀賞，很滿意，次日約王玨見面，給他 50 封邀請函，送發有關人士，在草山會館（陽明山）舉行座談會。

但是當時中山堂原來不許公開賣票，王珏去找當時台北市長游彌堅特准再演話劇才解決，前言已有提到，是台灣劇運重大轉機，可是現在中山堂記載中山堂的歷史竟漏了這段重要話劇史。

王珏一句話，改變李行的一生

成功劇團演完《密支那風雲》後，登公開招考演員，現成為大導演的李行，當年還在師大唸書，但熱衷於演戲，看到報上招考演員，前往應徵，主持招考演員的王珏，看到李行長得高，又學過戲劇，立即表示歡迎，而且安排他在即將公演的《桃花扇》中演一個角色，將原來一人演的角色，改為兩人演的 A、B 制。第二次演出，只剩一個糟老頭的角色，要 20 幾歲小伙子李行粘鬍子、畫眉毛、畫額角，李行很不想演，但王珏說：「你不演，還有很多人等著演。」李行只得免為其難的演出。

後來，王珏主演《罌粟花》、《永不分離》、《翠嶺長春》都推介李行參加演出中老年的小角色，在《翠嶺長春》中演老工人要和另一個工人的母親通姦，被她兒子撞見挨打，落荒而逃。李行很不想演，王珏告訴他，要想做一個成功的演員，就是要「旁若無人，死不要臉」，王珏這句話，提醒了李行演員的難為，決心不做演員，改行學導演，改變了李行的一生。

繼《密支那風雲》後，38 年 11 月 19 日王珏又推出《秣稜

王珏九十年的人生影劇之旅

風雨》（又名桃花扇）。演員有王珏、崔水、田琛、古軍、羅蘋、威莉……。是一部寫文人氣節的故事，王珏自導自演，加上演員們的通力合作，造成了空前的轟動。話劇也開始在台灣成為一種風尚，由於中山堂舞台面深又寬，可演大型舞台劇，成為當年台灣劇運最重要場地。造成話劇的蓬勃發展，不久由於中山堂被國民大會所佔，國民黨才將「中影的新世界」電影院改建成劇場。在新世界公演第一齣戲是李曼瑰編寫的《漢宮春秋》，張英導演，王珏演出劇中重要角色王莽，藍天虹演漢平帝，這是大卡司，造成了轟動，一口氣演了 45 天，場場客滿，觀眾有遠從屏東、高雄來的，每天排隊買票的人潮，像浪潮一般，一波一波的難以阻擋。有些向隅的觀眾，只有買黃牛票了，在當時一張票是 8 元，但是黃牛票賣到 100 元，其盛況可想而知。王珏個人也受到很好的評論，例如：

老沙在《中央日報》中評論：

王莽之陰狠虛偽，王珏整個的把握到了，他演來夠深夠譎，他又注意到十四年後的改變，露出了衰態，成績甚佳，他能控制全劇，羅蘋的元太后，不費力的操縱了角色，有不露火的凌厲。尤以擲璽一場。感動人心。

103

哈公在《聯合報》的劇評中提出：

王玨演的王莽，把一代奸雄的音容相貌演得維妙維肖。

瘂弦在《聯合報》的劇評中提出：

從演技扼要說來，王玨扮演湖廣總督瑞澂，他的老朽、荒淫
和殘忍，把一個滿族的統治者的面目暴露無遺，把清廷的弱
點，赤裸裸地烘托出來，使一人一發子彈，就可以光復武漢
的理想，陪襯得合理。

王玨說：那段日子最令人難忘的是 38 年底舊曆年過年，蔣
經國夫人蔣方良親自在官邸下廚，做寧波菜，招待影劇界好友。
為了感謝老總統從大陸帶來價值 3000 億元的黃金，穩定台灣金
融，38 年 10 月 31 日戲劇界擴大為老總統祝壽，在中山堂演出
各種祝壽戲，包括歌仔戲、平劇、話劇、相聲等。

1953 年 7 月 26 日起中華文化復興工作團在台北中山堂公演
10 天《董小宛》，比重慶時代公演的規模更大，效果更好，陣
容更強。由夷光、王玨、小童、羅蘋、明格、虞帆、田豐、章心
秋、楊甦、李冠章、張紹載、房勉、金彬、高朋、石平、李湘等

演出，舞台監督徐楓，舞台設計彭世偉，由高子銘率領中廣國樂團伴奏，載歌載舞，宣傳詞「霜雲正氣是千古，此恨綿綿無盡期」。1953 年 7 月 22 日《自立晚報》「影劇沙龍」版出刊《董小宛》公演專輯，袁叢美在導演小言中說：「董小宛是位愧煞鬚眉的歷史愛國兒女，其忠於國家，勇於民族大義的精神，最為國人欽佩，莫不追念其浩然正氣，此時此地公演《董小宛》，是要把她的可歌可泣的愛國行為介紹於國人之前，正如董小宛自己說：「我雖是個渺小的人，但我能趕上這個大時代，盡我一點小小的心意，我就滿足了。」

除了話劇，平劇也是王玨的拿手，在民國 42 年（1953）為慶祝蔣公誕辰，王玨與軍中劇團演出平劇《龍鳳呈祥》，深獲好評。他說小時候在北平戲園裡看戲，居然還能派上用場。

在台電影又從頭

　　另一方面，這時中製廠改隸國防部總政治部後，大家生活安定，一部份人搬到台中農教廠，也有人分到台製廠，同時在北投申請到土地建廠，王玨除參加中製農教合作的《惡夢初醒》演出，並在台製擔任製片科長，雖然當時台製還無能力拍劇情片，但在新聞片上很有表現，例如國慶日閱兵的新聞片，在雙十節當天下午五點即可出片，送到戲院上映。方法是有關工作人員前一天就進入總統府，利用和總統府的人事關係，依照慣例國慶前一天在總統府前有預校（閱兵）。這時可寫好對白做好聲帶，雙十節當天在總統府前拍好正式閱兵場面，就送回台製，套好片洗印後送到戲院放演，觀眾都驚訝台製工作效率這麼高，如此努力結果，當時省新聞處處長張彼得即批准撥款購置拍35糎劇情片的設備，包括錄音機、攝影機等，後來台製才有能力拍了《罌粟花》與《翠嶺長春》。

106

現在有些學者指責，當年三家公營片廠是政府的傳聲筒，拍的都是政宣片，這是很大的誤解。因為當年主管電影的決策者，多是大外行，根本不知道怎樣利用電影作宣傳，還在邊做邊學。抗戰時期懂得利用電影作武器人士都在中共陣營，未來台灣。倒是追隨政府來台的影人多用心研究創意，例如中製拍《洛神》就是嘗試將舞台平劇電影化，與政宣完全無關。用國畫做背景，雖有不少爭議，畢竟是創舉。再如《軍中芳草》，是台灣80年代盛行軍教片的始祖。這種類型的電影以往在重慶、上海都未拍過，而且將平劇與現代電影結合，也是一種創意，並無千篇一律反共抗俄之弊。該片曾在日本院線片戲正式公映。

現以台灣拍的第一部反共片《惡夢初醒》來說，並非是政府早就指定要拍的電影，而是蔣經國接任農教董事長後急需要拍片，不知道要拍什麼片，邀集電影界人士王珏、宗由、徐欣夫、張徹、鄧禹平等人在中山北路蔣氏官邸，商量該拍什麼片。當時正好《惡夢初醒》的原著《女匪幹》在《新生報》連載，大受歡迎，文藝作家鄧禹平提議可改編《女匪幹》，正好蔣經國也看過而同意，但認為片名不妥，主張改為《惡夢初醒》，這就是《惡夢初醒》的由來。

王珏北方人性格，正直爽朗，急功好義，為公益為朋友，熱心跑腿幫忙，舉凡公益事業他都挑上肩膀，因此很得朋友擁戴，

107

稱他為「王大哥」。他招待朋友更是熱情週到，他住在台北西寧南路時期，一幢三層樓的日式房子，除了他自己一家人，還住了張英、申江、趙之誠，三家人都是免費房客，他們都是剛到台灣，沒有地方落腳，就暫時住在他家，大人小孩擠在一起。當時王玨除演戲外，在台北新世界戲院隔壁成都路開了一家四川餐館「蜀園」，招牌還是張大千題字，由他元配洛楊女士主持，左邊是西瓜大王，當時成都路是熱門地區，生意相當好，座客常滿，因此王玨有經濟能力照顧影劇圈的朋友。

農教出品《惡夢初醒》

　　1950／黑白片 148 分鐘／出品：農教、中製／製片：戴安國／助理：吳強（中製廠長）／導演：宗由／原著：鐵吾《女匪幹》／改編：鄧禹平／攝影：王士珍／助理：華慧英／音樂：王沛淪／演員：盧碧雲、藍天虹、王玨、李影、黃曼、黃宗迅、趙振秋、張團珍、常楓、韓昌俠、陳曼夫、傅碧輝、威莉、藍天虹、葉超、陳力群、李靜、張慧／首映：1950.4.4

◇劇情介紹

　　一群難民在荒村裡一座了無人煙的破宅中落腳，屋中傳來一個女人的哭泣聲，難民中有一位新聞記者循著聲音，發現一位形

容樵碎的婦人。

這位婦人名叫羅挹芬，生長在一個信奉基督教的家庭中，父親是一位小商人，弟弟和妹妹在學校唸書，當她唸大學時，抗日戰爭進行正如火如荼，羅挹芬就和許多愛國青年一般，受愛國熱情驅使，秘密從事抗日救亡工作。這個時候，共產黨徒李子衡混進這個秘密組織，以愛情為手段，使羅挹芬在不知不覺中為共軍做事。抗戰勝利後，共軍趁著國軍復員時，進行攻擊，佔領蘇北各地，羅挹芬的家鄉興化縣，也是共軍攻擊的目標之一，當時她與李子衡被指派在那裡接應共軍，共軍入城，即展開清算鬥爭，羅挹芬的家人無一倖免，期待和平的老百姓，又再度陷入水深火熱之中。

原本天真純潔的羅挹芬開始對共產黨產生懷疑，李子衡也開始動搖，企圖脫離共產黨，羅挹芬因家破人亡，身為匪幹卻受盡百般的侮辱，雖然經歷共匪種種的暴行，但終究忍耐而逃出共區，將目睹之事實昭告世人，途中梅毒病發，殘喘於荒村破屋之中，幸遇到這位新聞記者，才將自身的遭遇，藉由記者公諸於世，使世人認清中共的真面目。

◇評論

《惡夢初醒》不只是女主角羅挹芬一個人的哀史，也是所有天真的誤入中共歧途的熱情青年的整個縮影和寫照，由於知識份

109

子錯誤的領導，廣大純樸善良的人民，便決定了他們遭受浩劫的命運？智識青年──可愛而又可怕的時代思想的細胞，任何一個社會的勃興和災禍，都是在他們那熱情而草率的活動中釀成！

這是編劇鄧禹平在《惡夢初醒》開始攝製時寫在《西風》雜誌上的一段聲明。

《惡夢初醒》上片時被當時評論者聶英指出，

> 此片舞台味濃，是導演宗由企圖將電影舞台化，但不為觀眾接受。有些氣氛製造有問題，例如女主角被強姦一場戲原是高潮，可是導演偏重外在技巧，用窗外人影表現，削減氣氛。編劇鄧禹平不滿，未照他的劇本拍……結尾記者及難民群極沉痛地離開羅把芬。被處理得像一群出門旅行的人和主人告別一樣。
>
> （見《影劇世界》第8期，1951.9.10）。

最近有大陸留美影人趙衛紅和住紐約的大陸學者張真來台都看過此片，卻認為拍得不錯，有些象徵手法用得好，並沒有誇張的宣傳味。當年新加坡政府特別向台灣買了一個拷貝送到學校放映。

1950 年，台灣省政府改組，吳國楨上台，新任新聞處長朱虛白，是王玨上海舊識，隸屬新聞處的台製廠，人事也有調動，朱處長有意叫王玨接廠長，王玨因不喜歡行政工作而婉拒，只擔任攝製組主任，白克任副廠長，再改任編導。

　　據王玨說：回想剛到「台製」時，設備真是少之又少，人員也不很多；我們便將從前的「中製」廠的機器拿了些過來。當時「中製」是與「農教」公司合作，因為「農教」在台中有個廠；同時「農教」公司也是光復後最具規模的一個電影公司，不過機器都是 16 釐米，我們用不上。可想而知，那時「台製」同仁們都非常辛苦。

　　在省議會成立之初，原本要取消「台製」，後來我們動用可用之器材，到處去拍開會記錄，並且與幾位省議員相處不錯，所以這項提案被否決了，那時要到台中；在那種克難的裝備下，我們拍了省議會、大陸救災總會成立等新聞片。

　　最值得一提的是，當時拍國慶紀錄片，我們在下午五點就將它送進電影院，我們的工作方式是跟在校閱車後面，拍好後，送到台中錄音，根據我們的記錄配音，套上聲音帶，再拷貝，所以能準時出片。由於在這種條件下，能做出這種因此頗獲長官好評，所以增加了經費，我們也添購了 NEW WORLD 機器，這也是同仁們辛苦努力所換來的成就。

農教出品《永不分離》

1951.7. 黑白／90分／農教／導演：徐欣夫／編劇：張徹／攝影：莊國鈞／製片：戴安國／佈景：鄒志良／音樂：潘英傑／演員：吳驚鴻、王珏、李影、李行、葛香亭、田琛、張慧、黃曼、常楓、葉超、張萍、李冠章，首映：1951.12.31

◇劇情介紹

八仙山林場新任場長衛民生，是在美國專習農林的青年，他返台上任不久，便發現臨時工人因包工而發生械鬥、盜賣樹根、賭博等惡習。他知道這些自日據時代就有的惡習不易革除，乃下定決心取締到底。衛民生決定：第一，舉辦工人保險；第二，伐木留下的樹根應充作福利金；第三，嚴禁賭博，使外省人與本省人彼此感情日漸融洽。

以賭博謀利的蔡石柱，一方面嫉妒林山的女兒林華對衛民生有好感，一方面又恨衛民生阻斷財路，不滿的情緒日漸積壓。在一個「拜拜」的節日，衛民生在工人洪阿火的家中發現蔡石柱聚賭，決定開除洪阿火，以整飭林場紀綱。孰料第二天洪阿火因醉酒失足，摔死了，蔡石柱與其他工人，計畫把洪阿火裝成自殺的模樣，嫁禍給衛民生，想煽動全體工人把衛民生趕走。這

個陰謀卻被林山發現,石柱恐林山走漏消息,便把林山擊昏推下山底。然後把洪阿火的屍體裝成自殺的模樣、煽動工人,要衛民生償命,一時廣場上工人暴動起來與場警毆打,正在紊亂之際,林山被林華、許清水救回來,揭發蔡石柱的陰謀,結果這些受了匪諜利用的工人,得到了應有的下場,許金槌墜崖而死,蔡石柱被陳培生槍殺,從此林場再沒有挑撥離間的事情發生,大家團結一致,永不分離,共同為台灣的生產建設事業而努力。

◇評論

　　李行的大哥李子弋,當年是軍聞社的記者,他以「看燦爛的遠景評介《永不分離》」為題,寫了一篇評介文字,摘錄如下:

　　　《永》片的故事發展,是以本省中部山脈縱橫,森林叢密,盛產木材的八仙山林場為背景。當政府新派場長林業專家衛民生到任後,銳意革新,興福利、增生產,隨衛同到林場的人除掉總務曾懷忠外,大都是林業的專門人才,與在林場多年的工務主任林山等人,密切合作,同甘共苦,並且為了員工子弟的教育問題,增設了子弟學校,深為工人們所擁護。尤其是林山的女兒林華最為仰慕。林場中有個工頭蔡石柱,

一向具有惡勢力，黨羽甚多，無惡不作，衛到場後，興利除弊，蔡恨他入骨，加上林華對他的冷漠，更加深了蔡的忿恨，所以常用外省人，來挑撥本省人的情感，跟衛不合作，同時屢次暗中企圖謀害衛民生。一天適有工人洪阿火犯場規除名，蔡及其黨羽酒醉，將其勒斃，偽稱不滿處分自溢，來煽動工人暴動，不料事先被林山看到，但被蔡投下山崖。當蔡等將衛場長等劫持後要殺害時，林山為人救起趕到現場，說明洪阿火被害的經過，同時蔡的黨羽單木旺悔過自新，挺身自首，揭發了蔡石柱及曾懷忠這批匪諜份子破壞生產建設的陰謀，才使真相大自，自此林場員工團結一致，攜手並肩，為生產建設而努力。

《永》片主題強烈地否定了一切省籍隔閡與陰暗面的存在，並以兩個被否定的人物蔡石柱、曾懷忠詭祕狠黯的陰謀，來反襯出以衛民生為主線的這一批致力於生產建設的光明面。更藉著林華這位本省小姐的嘴巴，說出：「有什麼外省人、本省人，你不要忘記都是中國人！」來戳穿匪諜惡毒挑撥的陰謀，同時以山地青年單木旺兩度悔恨交織的矛盾情緒，及匪徒們恐嚇與逼脅的猙獰面目，來刻劃一個誤入歧途的青年的苦痛與良知覺醒的經過。這些具體的、真實的、毫不誇張的顯凸的事實，在在都表現了

114

《永不分離》影片的現實意義。至於最後雖然有一些近於口號式的結尾，但，這終究是一聲熱情的呼號，是自由中國的人民發自心底的呼號，它可以使我們看到浪濤是如何地激盪。

　　《永不分離》是以本省中部縱橫互邁的山脈與叢密的森林八仙山林場為背景，它真實的介紹著本省最重要的一部資源，且將木材如何地由林場中開發、採集、運輸、製材的生產過程，介紹給觀眾們，它讓觀眾們好像自己親臨獷悍深藏的原始森林，故此，《永》片它不僅具有著現實的意義，而且是一部值得推崇的樸實優良的生產記錄片。最值得讚譽的還是《永》片的技術部份，尤其是在一切物質條件貧乏而且不夠標準下，能夠有這樣優越的成就，的確是值得謳歌的。《永》片攝影技術的洗鍊，畫面的清晰，美麗，角度的靈活自然，攝影師莊國鈞的功勞不可埋沒。導演徐欣夫處理鏡頭的細膩、把穩，亦值得一提的。不過在拍攝群眾場面時，如果能夠再補上幾個鏡頭與再思慮一下的話，將更臻於完美。難能可貴地，還是《永》片中的演員們的工作態度的嚴肅，每個人均能緊緊把握著劇中人的個性與特徵。在東南亞及澳洲首映，博得報章雜誌頗多好評。

115

（三）農教出品《軍中芳草》

1952.10.23／黑白／92分／農教

製片	李葉
導演	徐欣夫、王珏
編劇	羅家駒
攝影	莊國鈞
演員	戴綺霞、王珏、黃曼、虞帆、蕭湘、李湘苓、張慧、李影、李冠章、崔依文、趙明、常楓、樂茝軍（薇薇夫人）、汪婉麗及大鵬平劇團和女青年大隊。

《軍中芳草》劇照，左二戴綺霞、右二黃曼，後排是王珏。

116

故事以喜好平劇的富家女張馥芳（戴綺霞）為主角，在歡送壯丁入伍時演出《木蘭從軍》興起從軍念頭，正好有女青年大隊招考隊員，在同學鼓勵下報名錄取，接受入伍訓練。起初出洋相，終於克服難關。電影到鳳山實地拍攝女青年大隊受訓的起居作息，及歡送入伍場面，動員臨時演員之多，為國片少見。並邀真實女青年大隊隊員客串演出，穿插幻想整齣平劇《木蘭從軍》演出。王玨在《木蘭從軍》中也演出平劇。名作家薇薇夫人（樂茝軍）當年是女青年大隊的隊員，在片中客串演出，是有歷史性的，很珍貴的畫面。

　　羅家駒第一次編劇，注意生活情趣和古今花木蘭的融合，其中做夢的《木蘭從軍》部份參加 1957 年羅馬第三屆特種影展，獲優勝獎狀，是台灣片第一次獲國際影展獎。

　　本片於 1952 年 10 月 23 日在台北首映，影評認為攝影效果有進步。本片參加1954年第一屆東南亞影展，被評審認為政治宣傳味太濃，不予評審。但該片於 1954 年 4 月 24 日在日本橫濱等地戲院，作公開營業性放映，是二次大戰後第一部在日本公開放映的中國片。

　　這裡摘錄 1952 年 10 月 23 日，《中央日報》老沙影評如下：

在台電影又從頭

就自由中國影壇而言《軍中芳草》的攝製記述，是優於二年來的其他出品《惡夢初醒》、《春滿人間》、《永不分離》、《原來如此》、《皆大歡喜》，這並不是有關「你長我短」的譏譽問題，而是整個自由中國電影界二年來在篳路藍縷過程中不斷「試誤」的結果，椎心流汗的結晶。

我國古代《花木蘭》故事家喻戶曉，而「現代花木蘭」更為自由中國人民所崇敬，所以這個劇本的編撰不但跟上了時代的呼吸；這個故事的拍攝，更切合看膩了來自好萊塢的《1001 夜》和來自香港「中國西部片」的觀眾的需求。單就「娛樂價值」言，它至少發生了調劑觀眾耳目的作用；何況在娛樂之外，還有比娛樂更重要的東西。

戴綺霞的參加女青年工作大隊，正如花木蘭代父從軍一樣強調了「好女才當兵」的報國意義。在表現方法上，徐欣夫以女主角的《白晝夢》為出發點，通過了國劇的形式，「全本一次演完」，使觀眾在滿足「戲癮」的過程中將故事主題古今貫融了起來。但這一段並不是最重要的，最重要的是國人難得全部明瞭的女青年工作大隊的訓練與工作，這一段使觀眾獲得一個「參觀日程」而在輕鬆的穿插中得到了正確的認識。

鏡頭是活潑的，而選取角度顯然也費盡心力。在聲光方面，已接近理想，我們已看不見「下雨」或「話分兩頭」的毛病。外景多於內景，但舞台的處理，角度與布景，都使觀眾有新的感覺。

嚴正的題材，表現形式可以不拘，而成敗繫於導演的心智，《軍中芳草》又給了我們一個證明；而且證明了自由中國電影藉以散出更亮的智慧光輝，給觀眾們一個更可期的期待。

1951 年《永不分離》在澳洲首映，轟動一時，當時澳洲的報紙稱讚王珏是中國的克拉克蓋博（William Clark Gable），中影製片組長汪榴照，在中影的《中央影劇週刊》有一篇澳洲報導。蔣中正總統接獲報告，特召見該片製片戴安國、導演徐欣夫、攝影莊國鈞，主演王珏、吳驚鴻，當面嘉勉。也由於農教拍攝《惡夢初醒》、《軍中芳草》和《永不分離》三部片的成功，給蔣經國很大信心，才將農教與台影合併為中影公司，由原農教總經理李葉擔任中影總經理，並派龍芳擔任台製廠長，中製也在建廠，充實三廠設備，開創台灣電影的新階段。這可說是蔣經國未任政府要職之前對台灣電影事業的一大建設，也是台灣的第一大地方建設，可比美他擔任行政院長之後的十大建設。因為中影

在台電影又從頭

成立後，不但台灣島內的電影事業有了啟動的火車頭，對香港的自由影人方面，由於中影資助張善琨、李祖永，也建立了強大自由影人陣線，整個扭轉 1949 年前，國民黨在大陸時代的電影事業，處處受左派影人打壓的劣勢。同時由於美援的運用，人才培育，鞏固台灣電影事業的基礎。蔣經國對台灣的十大建設，至今輿論界仍津津樂道，蔣主任（國防部政治部主任）時代，身兼農教董事長中影董事長，對台灣的第一大電影建設，卻很多人不了解，也沒有人提起。其實這是蔣經國為篳路藍縷的台灣電影事業的奠基建設。

台製出品《罌粟花》（Opium Poppy）

1945／黑白／124 分／台製

監製	吳錫澤
製片	袁叢美
助理製片	王玨／導演：袁叢美
原著	余華
編劇	周旭江、白馬
攝影	吳家駿
錄音	王榮芳
剪接	劉厚德、周道淳
演員	盧碧雲、夷光、王玨、李行、古軍、龔稼農、井森、李湘苓、高明、李冠章。

1945年台製《罌粟花》劇照，由左至右：王珏、夷光、龔稼農。

◇影片簡介

　　大陸淪陷初期，共軍在香港、澳門設立情報組織，繼續破壞
行為，因此我方派遣青年優秀工作人員于璞（王珏）到澳門與當

在台電影又從頭

地工作人員取得聯繫，並積極打入以綽號「嬰粟花」女子吳瓊華（盧碧雲）為首的共黨組織核心，將中共物資倉庫、通訊設備加以破壞。後在一次收買情報過程中，于璞身分敗露，經過輪船上一番打鬥後，跳水逃生，而協助者於爆破船上的軍用物資之後，竟與中共船同歸於盡。「嬰粟花」與其爪牙正在海邊開車急馳，忽見輪船爆炸，方向把持不穩，竟墜入海中…袁叢美為使影片拍得省錢又好，由於棚內低小無法搭建大佈景，就想到借用台北賓館的實景，拍攝片中華麗大洋房的內景，政府招待外賓的台北賓館建築壯麗，家具豪華，加上精緻壁花和玻璃吊燈，以及廳房富麗堂皇，花錢也搭不出這樣豪華的場景。為影片生色不少。王珏演的于璞是我方派駐澳門的特工人員。年32、3歲，魁梧的身材，蘊藏著一顆熱情而機智的心靈。他的特性是忠於職責、公而忘私，抱有樂觀與成功的信念，也有犧牲小我的偉大決心。在動亂的時代中，在祖國危機重重的時期，多少年來的生活體驗，使他更認清了工作的重要性和對國家民族的責任感。他遇事細心、大膽、不猶疑、有魄力，他雖也常渴望有點感情的慰藉，但從未忘卻眼前血淋淋的現實。他沉著勇敢，善於應付一切危難。王珏演得很成功。

王珏九十年的人生影劇之旅

台製出品《翠嶺長春》（Spring of Jad Hill）

1956／黑白／96分／台製

製片　　龍芳
導演　　吳文超
編劇　　王大川
攝影　　吳家駿
錄音　　王榮芳／佈景：彭世偉
音樂　　梁樂音
演員　　王玨、吳驚鴻、羅蘋、傅碧輝、趙明、李冠章、高明、藍天虹、李
　　　　行、井淼。

《翠嶺長春》中的王玨與吳驚鴻。

123

本片是台灣省農林廳林務局委託台製廠拍攝，以海島造林保林的重要性為主題，是一部教育性的劇情長片，全部預算 50 萬元新台幣。47 個工作天殺青，但結果費時一年多才完成。

◇影片簡介

翠嶺林場蘭山分場主任林天良（王玨），回鄉巧遇兒時玩伴春美（吳驚鴻），並同往後山救火，留下良好印象。在同村周金發故意安排下，三人同在林場工作。但周金發對春美別有企圖，藉機擬對春美非禮，幸被發覺遭譴責而金發不甘，糾眾滋事，甚至趁村內舉行農業宣傳大會時，縱火燒山，盡毀林木，便畏罪逃亡。林天良誓以全力造林恢復景觀，春美則四出宣傳保林育林的重要，期以五年時間完成。金發匿跡荒山，苦不可耐。乘夜冒險回家，不意撞見乃母與胡姓男子幽會，乃下毒手殺企圖該男子，而此時探員也跟蹤而至，加以逮捕。五年後，造林有成，大家在林場相聚，甚感快慰，天良與春美終相偕返村，完成婚禮……本片外景在八仙山、阿里山等地拍攝。

本片外景在八仙山、阿里山等地實地拍攝，遭遇颱風，攝製工作困難重重中完成，但山林景色秀麗。

1958.1.18首映。

首次中義合作《萬里長城》

　　1957年11月義大利國際影片公司製片兼導演倫祖‧麥路西（Renzo Merusi）來台，與台北永昌影業公司合作拍《萬里長城（La Grande Muraglia）》，後來此片在此間上映時，改名為《黃河的啟示（The Dam on the Yellow River）》，又改名《上海最後列車》，是部以中國大陸為背景的反共影片。原計畫大部份在台灣拍攝，麥路西憑義大利政府鼓勵到海外拍片補助金，以東南亞版權和台北永昌影業公司合作，經由旅義華僑曹鴻志促成，來台拍片，帶來最先進的彩色綜藝體壓縮鏡頭及攝影機。拍這部彩色片《萬里長城》的主角有二，一位是外國牧師，另一是中國共產黨員，表面上是工程師，實際是中共鄉村的游擊隊長，故事背景在中國華北的一個小市鎮，一個美國攝影記者約翰‧貝爾獲悉中共計畫要炸黃河，讓黃河決堤來淹死國軍和居民，這記者未將這中共陰謀告訴國軍當局，卻被中共一個特務發覺，要美國記者交出所獲得的情資。他逃到一個廟內，看到美國女牧師和義大利修女正在冒險搶救中國難民，記者感到自己太自私，正要向國軍報告時，中共特務趕到，雙方發生搏鬥，在激戰過程中，兩個女傳教士被犧牲。

　　這個故事是根據一位義大利神父所著《北京最後一次火車》的回憶所改編，待麥路西回到羅馬時，又對此情節稍作修改。

125

當時中影總經理李潔先生帶麥路西到「台製」禮貌拜會，由王珏接待，事後麥路西知道王珏是演員後，就請他參加演出中國共產黨。該片租用中影片廠，借用中影人員，包括攝影師華慧英、助理洪慶雲、林贊庭及中國籍演員王珏、張美倫、穆虹、張小燕等人，當時香港亞洲影業公司的基本演員麥玲也來台參加演出，此外尚有若干人員充任臨時演員。

1957 年 11 月《萬》片一直在台灣中部以及難民聚集的火車站，目前都已選定在彰化附近的一座寺廟和台中火車站拍攝，此外包括大肚溪、后里、台南、高雄、台北等地亦將攝入鏡中。無論場面、規模，在當時講，都是國產電影界空前的作業。經過這次工作以後，許多中影的技術人員，都增加了許多拍彩色片經驗。

之後發生永昌投資美金以官價折算台幣，與麥路西的黑市估算差距很大，引起糾紛，演員張美倫和穆虹又因細故打架，影響拍片。該片回義大利拍攝時，劇本略有了改變，只有王珏與張美倫有較重要的戲份，跟麥路西去羅馬。後來王珏留在羅馬，專門從事表演行業，成為國際知名的中國籍影星。張美倫則留在義大利研習歌唱，也有相當的成就，這都是由於《萬里長城》在台拍攝而促成的。

該片是彩色闊銀幕片，當時中影攝影師華慧英剛從日本學得彩色電影的攝影技術返國，正好有實習機會。從 1957 年 11 月

到 1958 年 3 月在台灣部份拍攝完成，因麥路西欠中影廠租，整套器材留在中影，讓中影人員運用。所以《萬里長城》的「中義合作」雖不愉快，但對台灣電影事業的製作卻有相當多的正面影響。中影初期拍的幾部彩色片，都是運用麥路西留下來的攝影機拍的。

1958 年 2 月 21 日，拍攝《萬里長城》（後來改名：《上海最後列車》）
的義籍導演麥路西（左）與右起台灣演員王玨、穆虹、張小燕合影。（中央社）

127

《上海最後列車》右為王珏。

128

為華人爭光

　　王珏在 1958 年到香港拍一部戲《愛情尤物》，拍完後就到羅馬續拍《萬里長城》（後來改名：《上海最後列車》），此片男主角有兩人，一個是外國牧師，一個是共產黨特務，前者由喬治馬歇爾（Georges Marchal）演出，後者由王珏演，王珏演的中共特務，要炸黃河，淹死很多難民和國軍，女主角是安妮泰‧艾格寶（Anita Ekberg）。那時全世界有名的鉅片差不多都是在羅馬拍。義大利新寫實主義創始人羅伯特‧羅塞里尼（Robert Rossllini）興建了義大利電影實驗中心的影城，共有 16 個攝影棚，每一棚可拍四部小戲，兩部大戲，設備都齊全、外景、海水浴場景都有。1962年5月聯合報報導：新聞局 3 天前接到一封該局駐法國代表的電報，電文上很興奮的指出，有一部名叫《上海最後列車》的義大利影片，在巴黎數家戲院上映，賣座之佳並不較《蘇絲黃的世界（The World of Suzie Wong）》遜色，而且台灣影星張小燕、穆虹、王珏、金楓、張美倫等均在片中飾演逃

《上海最後列車》（原名：《萬里長城》）舉行酒會，
義大利美人巨星安妮泰艾格保光臨，王珏招待親切。

130

難的中國婦女，有精彩演出，該片外景，是攝自台灣，頗能引起巴黎觀眾的注意，特電告國內，該片即民國 46 年（1957）義大利人來台拍的《萬里長城》，製片兼導演麥路西將毛片帶回義大利又找到了合夥人，再補了些內景戲（按該片男主角是義大利一位男星和王珏，兩人均住羅馬，王珏赴羅馬，是應導演麥路西之邀，前往補戲。如今該片已在巴黎首映，竟而轟動一時，使我們駐法的官員，為之興奮。

《上海最後列車》在台灣拍片時，攝影工作是由中影攝影師華慧英擔任，據華慧英說，根據他和麥路西合作的經驗，麥君是一個非常認真工作的電影從業人員，而且修養良好，他不會是一個「騙子」。據華慧英說，麥路西在台拍片資金週轉不靈，是因為義大利方面的合夥人拆了他的爛污，麥君本人也弄得焦頭爛額，連家裡的房子和太太的私蓄都賣光了。如今影片賣錢，麥路西還是可以東山再起。

王珏拍完《上海最後列車》留在羅馬，那時候有名美國鉅片差不多都是在羅馬拍的。義大利寫實主義大師羅塞里尼興建了義大利電影實驗中心的影城，共有 16 個大攝影棚，每一個棚可拍四部小戲，兩部大戲，設備很齊全，外景、海水場景都有。當時王珏是唯一的中國演員，片約不斷，多飾演蒙古人、墨西哥人。有一位義大利神父在台北曾對王珏說：「義大利的中南部人的思

131

想與中國很接近，到了義大利就很像到中國。當王珏剛到歐洲時，一方面他們對王珏這東方人好奇，另方面覺得王珏長得高大，與老華僑不很像，所以沒有受到排斥，外國人表達感情方式很直接，王珏與他們交往是以「中國人」方式相處。在歐洲這段期間，拍了幾近 50 部影片，其中有幾部大堆頭大製作的影片，例如美國片《北京 55 日》。

王珏說：1963《北京 55 日（55 Days a Pekjng）》的導演是尼古拉斯·雷（Nicholas Ray），曾導過《萬王之王（King of Kings）》、《雪海冰上人（The Savage Innocents）》幾部大片，看過我演《蒙古人（The Mongols）》之後來找我，到西班牙拍戲，演員均集中於此。他導戲有個原則，角色是日本人就找日本演員，中國人就找中國演員，本來叫我演端王，我建議他到香港找唐若菁演西太后，沒找著，找了幾個武行演拳匪。當時國內主管當局擔心片中有小腳砍頭等所謂辱華情節，就電令駐外使館制止該片拍攝，但此片是部大製作，不可能停拍。當時我國駐西班牙大使黃少谷先生，只對王珏說不能拍有辱國體的鏡頭。後來更改角色，安排王珏演指揮戰爭的義和團首領，和美軍交涉要求釋放綁在水車上的義和團的團員，另一邊聯軍卻以槍瞄準義和團。可是中途因尼古拉斯·雷與製片人意見不合換導演，將王珏遺忘，待戲快拍完才發現，就補拍了一場戲，待了 5 個月，薪水照領。

王珏在《上海最後列車》（原名：《萬里長城》）中的扮相。

133

為華人爭光

王珏在《上海最後列車》（原名：《萬里長城》）中的扮相。

王珏九十年的人生影劇之旅

1962 年，美國派拉蒙超級鉅片《北京 55 天》在西班牙開拍，
導演尼古拉斯·雷，王珏演義和團首領（中）。

為華人爭光

王玨在義大利西部片《龍虎大鏢客》中的扮相。

王玨九十年的人生影劇之旅

王玨在一次留學生的聚會上，認識來自台灣比他小二十餘歲的林由紀二人一見鍾情。林由紀是前往義大利專攻聲樂的，為了愛情毅然地犧牲了學業，她除了擅長聲樂外，樂理、鋼琴領悟力亦強，她的輟學，義大利音樂學院的教授，紛紛感到惋惜。

　　女方的家長極力反對，直到他們的愛情結晶呱呱落地之後，家長才對女兒、女婿表示歡迎，希望他們回台灣來，王玨這個在羅馬出生的女兒，現在是當地的名女醫師，長住羅馬。

　　王玨在羅馬的家，成為到義大利進修的台灣影人的落腳地，白景瑞和劉芳剛都常住他家，尤其白景瑞初到義大利語言不通，生活困難，獲得王玨很多照顧。台灣前往義大利的官員，鄧文儀、邱進益、陳紀瀅、羅家倫等到羅馬，都接受過王玨的招待。王玨在歐洲拍義大利片、西班牙片、墨西哥片，起初語言不通，完全靠領悟力強，看導演比手劃腳，就能了解導演的意思，日子一久，對白也能說得流利，不再吞吞吐吐，當然事前也要讀劇本，死背，強記，肯用功，肯吃苦，無疑是王玨走上國際明星之路的途徑。

　　從 1960～1974 之間，可說是王玨的羅馬時期，演出歐美片。王玨回憶說：「那年義大利 Nuoun File Storyaf 影業公司的導演 Memsi 邀請他參加演義大利片《Tost Last Tramn》，女主角是知名演員安妮泰‧艾格寶。王玨在片中飾演一位成功的工程

為華人爭光

師。深獲好評，於是王玨把電影事業放在國際市場，接著到南斯拉夫、西班牙、法國、英國，拍了《大沙漠（Desert of Fire）》與國際知名演員愛雲‧芬芝（Edwige Fenech）合作，不久又拍了美國片《風雨大鏢客》，先後拍了近 50 部外國電影。一位中國演員要立足國際影壇並不是一件容易的事，一方面限於外型的限制，一方面限於種族語言的隔閡，然而，王玨打入國際影壇，遊走於電影王國一義大利，全憑真功夫，大家都知道他來自台灣，也間接為台灣爭光。

在國外演出，上馬荷槍全是玩真的。王玨演過墨西哥的惡霸，非洲酋長，他完全脫去中國人的外衣，成為真正的外國惡霸，或成為真正的酋長，由於他精湛的演技，所以有機會與國際大牌演員烏絲拉安德魯絲（Ursula Andress）合作拍片。分別拍了《大競技》、《第十個犧牲者（The 10th Victim）》等。

王玨初到羅馬時，正是美國片在羅馬拍電影最多時期，他以一個唯一東方人的姿態出現，機會很多，第一次演出《蒙古人（I mongoli）》，好在王玨早年曾經在大陸北方草原縱馬馳騁‧曾經練過劍術，應付《蒙古人》片中的動作戲綽綽有餘，問題是語言不通，王玨竟能憑敏銳的感應，靠領悟的意會，煞有介事地穿梭水銀燈下。演起義大利電影。隨著日益精進的語言表達能力，更能傳神的表達劇中人物性格的演技，為王玨帶來一連串

138

的繁忙片約。《七蛟龍》、《計中計》、《魔鬼》、《荒漠英雄》、《西斯歌（Cisco）》、《大沙漠（Desert of Fire）》等等。

　　1966 年 2 月，王珏自羅馬前往西班牙南部亞美利亞城，主演一部美國彩色西部武打片叫《荒漠英雄（Tepepa）》飾演一位墨西哥強盜，為該片三主角之一。這是歐洲影業第一次邀請台灣明星擔任主角。這部彩色武打片名是西班牙與義大利兩國合作攝製，同年王珏在西班牙南部主演另一部動作影片《計中計》，是義、法、西三國影片公司聯合製片。

　　1975 年 6 月 28 日，王珏獲羅馬塞契納市頒發「金屋獎」，表揚其卓越演技。

為華人爭光

鄧文儀（中）訪羅馬，到王玨家聚會，右二為劉芳剛，是王玨家常客。
左排在羅馬學聲樂的香港名女士。

王玨九十年的人生影劇之旅

台灣名作家陳紀瀅（左）、羅家倫（背影）在歐洲開國際筆會，特去羅馬拜訪王玨（右）。

為華人爭光

上下兩圖為王珏在《蒙古人》中與演員的合影及劇照。

王珏九十年的人生影劇之旅

Film Trust Metro - Goldwyn - Mayer presents Stanley Norman's Production of

THE BIG GAME

美片《大賭博》中的王珏（左五）。

為華人爭光

兩圖均為《第十個犧牲者》劇照。

王玨九十年的人生影劇之旅

王玨在紐約參與演美國片《第十個犧牲者》，由王玨與烏蘇拉安德魯絲主演。

為華人爭光

王珏在北非沙漠拍攝《沙漠英雄》。

146

上下兩圖均為《安娜的冒險》劇照

147

為華人爭光

《請等我一定會回來》劇照。

王玨九十年的人生影劇之旅

義大利片《地獄36小時》劇照。

為華人爭光

西班牙片《死在雨下》劇照。

150

王玨九十年的人生影劇之旅

王珏拍攝《上海最後列車》於車站外景，右上為攝影師華慧英。

為華人爭光

《上海最後列車》中黃河口被炸之外景。

152

兩圖為《金拳頭》劇照。

為華人爭光

上圖：西班牙片《死在雨中》的劇照。

下圖：Zorro 劍俠

154

返台打拼的影壇父子兵

　　王珏的長子王道，是他的原配羅揚所生，隨母親住美國，學會中國功夫，經劉亮華發覺帶回香港，曾替嘉禾拍過《南拳北腿》，在台港創下相當高的賣座紀錄之後，在美國拍《龍虎震金山》，擬自組公司拍戲，王珏愛子心切，1976 年 6 月專程回台灣襄助，適巧羅維公司的第二部古裝武俠片《劍、花、煙雨江南》即將開拍，王珏與羅維是 30 年以上的患難之交，王珏在片中串演一角。《劍、花、煙雨江南》是武俠名作家古龍蓄意創新，另外一種新風格的代表作品，不但有完整詭異的故事情節，凶險的動作技巧，還有惑人心弦的文藝氣氛。

　　在這部人物眾多，劇情複雜的新片中，王珏只不過是其中的一個環節，真正的主要人物是由武俠女星徐楓和成龍、韓國動作泰斗申一龍、美艷女星王玉龍等人買穿全局。

　　《劍花、煙雨、江南》上映時，喜歡古龍作品的觀眾，欣賞到他這部新風格的電影。

在陳耀圻的一部靈異文藝新片《迷離幻境》裡，王玨第一次和老牌演員歐陽莎菲同台演出一對夫婦，兩人都屬演技派的老資格演員，雖然互慕已久，但卻沒有合作的機會，這次在陳耀圻的禮聘之下，兩人特別客串一對夫婦。此外，王玨也與兒子王道同台演出《源》。

自《源》片之後，陳耀圻與王道、徐楓、張盈真等人建立了深厚的感情，在《迷離幻境》裡，王道飾演一個刑警隊長的角色，雖然只有二場戲，但王道不計一切，願意捧陳耀圻的場，父子兩重義輕利，令陳耀圻十分感動。

王玨王道父子自己也組了一家電影公司，計畫製片工作，要求高水準的製作，王玨有信心把國片打進歐洲市場。

1977 年 4 月 21 日王玨回台灣自組「王氏電影公司」創業片《血玉》，又名《一段雲》，午馬導演，故事是他遠從羅馬帶回來的。十分珍貴動人。片中最重要的男主角一段雲，他曾多方遴選適當人選，選來選去，還是覺得自己的兒子王道最合適。

王道扮演一段雲。確實空前成功。小時候，他父親被黑龍會首領殺害，當時那個無惡不作的魔頭，曾把配在他父親腰間的一塊漢代血玉，放到他嘴裡，因此小小年紀就記下了這筆殺父之仇，他勤練武功，長大後為父報仇，憑他的機智果敢武功，最後終於殺光黑龍會，殺死魔頭時，他從口中吐出了血玉，又放進魔頭的口中。

156

王道殺盡黑龍會東南西北四壇壇主後，經過了幾番血拼，關關驚險，動人心魄，四壇壇主也各有武功絕招，其中如龍君兒的紅扇舞陣，不知多少英雄好漢死在陣裡，因為婢女們所使用的紅色羽毛扇，在緊要關頭一按扇鈕，都有數把尖刀刺出，使對力防不勝防，王道事先有備，致力破了紅扇陣。破得機巧，令人驚奇。

　　《血玉》是王珏在羅馬看到一件漢代寶物，上面記載著一段民初江湖恩怨復仇故事。一段雲在報了父仇。殺死黑龍會首領後，就悄悄遷居到羅馬，不知怎樣，那塊血玉竟落在一位傳教士手裡。

　　《血玉》是由午馬導演，王道、金銘、龍君兒、董瑋、午馬、郭菁等主演，製作別具風格，與一般武俠片不同，看過的人知道，王道這部戲比他的成名作《南拳北腿》拍得更成功更精彩，因為這是王氏公司的創業片，他當然要盡力演出了。

　　1977 年，王珏應高寶樹邀請參加中日合作片《孽種》的演出，除了自導自演的女強人高寶樹外，還有參加過金馬獎頒獎盛會的日本影星——舟倉環小姐，她豔麗大方的風采著實迷人。另外還有木村滿則、倉田保昭、灣灣馬院西、李芷麟、王豪及老牌性格巨星王引的義助演出，還有日本影星多人參加演出。

　　值得一提的是，高寶樹的這部新片《孽種》，不僅是她經過

157

返台打拼的影壇父子兵

深思熟慮之後的佳作，而且獲得日本東映機構的大力支持，買下該片的日本版權。此舉足以證明《孽種》的確是一部內容紮實、人物有血有淚的電影，編導演都有精彩的表現，劇情絲絲入抑，在中日合作的影片中難得看到如此劇力萬鈞之作。

在《孽種》之前，王珏還替高寶樹演過一部動作片《三千大洋》是倪匡編劇，王道等合演。

1982年11月4日，王珏第一次參加台視公司連續劇《苦海餘生》飾演善變親近女色的司令員。

當年躬逢金馬獎盛會，獲得金馬獎最佳男配角的演技派演員王珏說：我國電影、電視的發展，並不只這樣的成就而已，給我的感覺有幾分「玩票」的性質，電影界一窩蜂拍著迎合觀眾低級趣味的影片，前途完全操縱在發行片商的手裡令人憂心，主管單位應該拿出辦法，導正製片風氣，做到「曲高和眾」。

幾次參加反共電影、電視的演出，王珏語重心長的表示：「反共片應該像索忍尼辛（Aleksandr Solzhenitsyn）說的要多拍．海外僑胞都覺得《皇天后土》、《苦戀》這些電影，描寫共產黨的罪惡還不夠深入，而國內年輕人卻懷疑這些電影的真實性，令人感到憂慮。前幾年我參加丹尼爾回國的座談會，在座的大專學生，問起問題來，都很幼稚，他們對於共產黨的認識，太不夠了。」

王珏九十年的人生影劇之旅

台視連續劇《隨風而逝》中的王玨與陳沖。

王玨在《隨風而逝》長春外景中的劇照。

返台打拼的影壇父子兵

1975 年 6 月 28 日王珏獲羅馬記者公會頒「金屋獎」表揚他的「卓越演技」，是指義大利與邵氏合作出品的《財星高照（This Time I'll Make You Rich）》。是由王珏促成的動作喜劇，邵氏出品，編導是義大利的法蘭克‧克拉瑪（Frank Kramer），演員有香港的李修賢和義大利的安東尼沙伯度（Antonio Sabato）、林伊娃、柏哈里士（Brad Harris）。

研究電影幕後工作

王珏說：我在羅馬的時候，不只是拍戲，還研究劇本的寫法、拍攝計畫，預算如何做等等。我想一個中國演員在國外能夠立足那麼多年，其他沒有什麼做不到。可是國片如果沒有國際發行網的話，中國電影永遠無法立足世界。我很早就有理想，但直到 1975 年才達成回國發展電影的意願。曾經在 1962 年差一點成行，連機票都已訂好，但同時接到三部戲。我是從不軋戲，這三部戲有特殊關係，是西部電影。過去我演的都是中國人、蒙古人、純東方人的角色，而現在要演墨西哥人，起初有點懷疑，一上妝居然很像，所以就接演了。1975 年我回來，一方面籌組公司，一方面因為我兒子王道，那時候從美國回來拍戲，是嘉禾公司找他拍《黃面老虎》、《南拳北腿》，1976 年我在香港成立「王氏公司」拍了《南拳北腿活閻王》、《血玉》等片。

第三部本來已開拍《螳螂拳》，正好中影的《源》開拍，導演陳耀圻找王道演出，王道顧慮王氏公司損失太大。但王玨鼓勵王道作演員不要把自己拘限在一種類型，有這大片演出機會，即使不給錢也要參加。本來有王玨的角色，飾演林則徐，後來因片子拍得太長，取消那一段。王玨也留下來繼續替中影拍幾部政策大戲，如《皇天后土》、《辛亥雙十》、《戰爭前夕》等等，戲份都不太多，僅算共襄盛舉，其中《皇天后土》得了第18屆金馬獎最佳男配角獎。

　　王玨是 1979 年第 16 屆金馬獎頒獎時返回國內，新聞局邀他在第 17 屆金馬獎頒獎舞台上，以前輩身份擔任頒獎人，第 18 屆金馬獎他得到最佳男配角獎上台領獎，2003 年第 40 屆金馬獎頒獎時，老友袁叢美獲終生成就特別獎，新聞局又請王玨擔任頒獎人，頒獎給袁叢美，2009 年第 46 屆金馬獎，王玨獲特別貢獻獎，由李行頒給王玨，可說實至名歸。

得了金馬獎

　　王玨說：《皇天后土》影片中，我所飾演的高級匪幹，所詮釋的角色型式與以往政治性影片不同，作為一個演員詮釋每種角色，其實祇是透過肢體、精神專注進入角色中，不能以自己的觀點來演。我演《皇天后土》這個角色，給我內心感觸很深，我等

161

返台打拼的影壇父子兵

劇照：王玨在《皇天后土》中精湛演技使王玨得金馬獎。

王玨九十年的人生影劇之旅

於是那個時代的人，那時候有百分之九十文藝工作者都心甘情願為共產黨效命，如田漢、史東山當初都是為理想，為中共賣命，文革時期，這些中共的建國功臣，竟慘遭紅衛兵批鬥。毛澤東有如漢高祖，得天下先殺功臣，以免功高震主。我是以當時那些人的心情來演，來詮釋這個中共副部長的角色。而得了金馬獎的肯定。

話劇《疼惜台灣子孫萬代》

1995 年 10 月 25 日，為慶祝台灣光復五十週年，在省政府的支持下，王玨再以中國萬歲劇團的名義，領導演出三幕 10 場大型現代劇《疼惜台灣子孫萬代》，演出執行小組顧孟鷗、王玨、葛香亭，由王玨導演，貢敏、孫陽編劇。在台中、台北演出五場，免費索票。演員包括老中青三代：劉明、金玉嵐、趙學煌、游天龍、常楓、葛香亭、古軍、王昌熾、江青霞、劉筱平、雷威遠、陳淑麗、陳建良、于恆、高振鵬、李長安、陝文山、涂台鳳、譚艾珍、金永佯、蘇育玄、楊溫迪、何剛。

王玨走過近七十年的電影戲劇生涯，他仍說只要有好劇本，他還會演出。目前他則享受著人生最珍貴的成就，因為他有一位賢慧的妻子，和幾位出色的孩子，他的兒子王道，是當前很受歡迎的影視演員，正克紹箕裘的在演藝事業上發展。

1996 年王玨第二次受邀擔任第三十三屆金馬獎評審。

返台打拼的影壇父子兵

2003 年參與演出電視劇《孽子》，飾演傅老太爺一角。

2003 年受邀擔任第四十屆金馬獎「終身成就特別獎」頒獎人，頒獎給曾合作多部電影的導演袁叢美，得終身成就獎。

2005 年參與演出電視劇《香草戀人館》獲第四十屆金鐘獎連續劇類「最佳男配角」提名。

求知是演員成功的條件

王珏由話劇演員到電影、電視演員，更成為國際影壇的電影演員，談到他演員成功的條件，他說：「一位成功的演員必需具備三個條件：一是他必需真的愛戲，只有愛戲才能不斷的全心的投入，藝術沒有一蹴而成的，他必需不斷的學習。其次要有不怕苦的決心，一般人只看到演員們絢爛的一面，而沒有看到燦爛背後的辛酸，所以必需要多吃苦學習才能有成就。第三，平時一定要多充實自己，知識是培養一位好演員的重要條件，因為戲劇的角色是多樣的，必需閱讀相關資料才能進入戲劇中的人生，人生的內容和知識，密不可分，可以肯定的是知識擴充了人的世界；一個人知識淵博他的精神世界就比常人豐盈遼闊，豁然貫通，能培養氣質。」所以求知是成功演員的重要條件，王珏也把這句話當成他的座右銘。

逾90高齡以來，王珏還繼續拍片，參加一些電視片演出，他

王珏九十年的人生影劇之旅

要做一個「老兵不死」的永不退休的「中國影劇鬥士」，在當今兩岸三地的華語影壇，很難找到第二位像王珏這樣資深，這樣健康高齡，去年 2010 年，93 歲，身體仍很健康而且繼續拍電影，在《近在咫尺》中飾演患有阿茲海默症的爺爺，同片演出的演員還有彭于晏、苑新雨（大陸）、郭采潔、明道等，他們對王珏的演出都很佩服，尤其王珏有永遠奮鬥不懈的豪情壯志。

2007 年受天主教輔仁大學義大利語文學系邀請，出席「義大利廣場」講座，以義語分享自己長期旅居義大利及其他各地的拍片經驗。

2010 年 9 月 23 日接受北京巨龍文化公司來台演出改編老舍經典舞台劇《四世同堂》的演出人員的拜訪，由台灣演藝人協會理事長楊光友率領該公司總經理劉忠奎、演員秦海璐、陶虹等人，他們很高興能看到老舍當年的老友。王珏說他和老舍是老友，在重慶就很熟。

165

兩度跨越一甲子

　　在中國電影電影史上和台灣電影史上，王珏是唯一擁有兩度跨越一甲子（60年）紀錄的影星，第一個一甲子，是 1998 年 11 月 18 日回到 60 年前（1938）拍抗戰電影的重慶，參加「重慶中國抗戰電影學術研討會」，王珏回到重慶第一天就到中製遺址純陽洞尋根，60 年前，他在那裡拍了 8 部抗戰電影，當年吃盡苦頭，如今都變成甜美光榮的回憶，他忘不了「槍，在我們肩上，血，在我們的胸膛，弟兄們，起來……」那雄壯嘹亮而激情的歌聲，更不會忘記牆上「一寸膠片一滴血」的標語，多少同人已犧牲、作古，60 年後，王珏還能夠以健康快樂的心情重遊舊地，確是人生稀有的甜美的滋味。

　　第二個一甲子，是王珏 2009 年 11 月 28 日獲第四十六屆金馬獎頒特別貢獻獎，又正是他在台灣從影又跨越了另一個甲子，王珏從 1948 年來台灣拍《花蓮港》，到 2009 年，已過了 61 年。這次特別貢獻獎，雖是遲來的榮譽，倒是真正實至名歸，這

王珏九十年的人生影劇之旅

THE 46TH
GOLDEN
HORSE
AWARDS
CEREMONY

特別貢獻獎
Special Contribution Award
王玨 George Wang

2009年，王玨榮獲第46屆金馬獎特別貢獻獎。

167

兩度跨越一甲子

老友李行頒獎與王玨。

168

王玨九十年的人生影劇之旅

電資館30週年紀念，右切蛋糕者為王珏。

兩度跨越一甲子

次金馬獎可以彌補對這位資深老影人的虧欠，為台灣影壇留下永久獨特的典範。他在台灣拍了十幾部片，才去羅馬，演了50部外國片後，又回到台灣定居，繼續演戲拍電影、上電視。當年導他影片的導演，如何非光、唐紹華、宗由、吳文超、田琛、袁叢美等都已先後作古，只有王珏仍站在電影崗位，雄風依舊，而且2010年93歲還和孫子輩影人合演《近在咫尺》，樹立永不退休的典範，令人無限羨慕，由衷欽佩。同時王珏子孝孫賢，夫人溫柔體貼，有時老伴還攜手同遊北極、南極。回想當年蓽路藍縷辛酸的奮鬥奠基，才有後來台灣電影的黃金歲月，令人不勝感慨！在此讓我們為影壇永不凋零的老兵熱烈鼓掌加油。

王珏九十年的人生影劇之旅

1999年，歷經一甲子，王玨重遊長江三峽。

兩度跨越一甲子

王玨專訪中製廠重慶舊址，李行伉儷和石雋同行。

王玨九十年的人生影劇之旅

王玨在重慶郊區大足石窟。

173

兩度跨越一甲子

王玨重回重慶。

王玨九十年的人生影劇之旅

王珏在抗戰勝利六十年後由重慶順江而下。

兩度跨越一甲子

王珏在重慶中製廠原址懷舊。

王珏九十年的人生影劇之旅

1999年，王珏與重慶時代的老夥伴秦怡重逢。

兩度跨越一甲子

王珏演出的華語電影

年代	片名	公司	導演	編劇	演員	工作人員
1939	保家鄉 Defend Our Country *從影首作，分段式影片	中製 重慶	何非光	何非光	英茵、于飛、 羅軍、朱嘉蒂	攝：王士珍
1939	好丈夫 Good Husband *第一部擔任男主角的影片	中製 重慶	史東山	史東山	舒綉文、陳天國 、劉犁、井淼、 沈若男、王珏	攝：王士珍
1940	塞上風雲 Storm on the Border （Saishang Fengyun） *客串	中製 重慶	應雲衛	陽翰笙	陳天國、王珏、 舒綉文、黎莉莉	攝：王士珍
1940	東亞之光 Dongya Zhi Guang *日人高橋、關村等為日本 反戰士兵、共29人參與拍 攝	中製 重慶	何非光	何非光	南橋信雄、關村 吉夫、何非光、 鄭君里、張瑞芳 、虞靜子	攝：羅及之
1943	日本間諜 Riben Jiandie	中製 重慶	袁叢美	陽翰笙	羅軍、陶金、劉 犁、王豪、何非 光、秦怡、王珏	攝：吳蔚雲
1943	白雲故鄉 White Cloud Village *客串	香港大 地中電 發行	司徒 慧敏	夏衍	盧敦、鳳子、 江村、黎灼灼	攝：姚士泉 吳蔚雲

王珏九十年的人生影劇之旅

年代	片名	公司	導演	編劇	演員	工作人員
1943	氣壯山河	中製	何非光	何非光	黎莉莉、王豪、宗由、王珏、田琛、錢千里	攝：姚士泉
1945	警魂歌 *又名《敢死警備隊》根據李士珍原著『大同之路』改編	中製	湯曉丹	寇嘉弼	王豪、宗由、康建、田琛、王珏	攝：王士珍 王士英
1947	花蓮港Hualien Harbor *曾在美國洛杉磯上映一個月。	西北	何非光	唐紹華	沈敏、凌之浩、宗由、王珏	攝：周達明 曲：劉雪厂
1947	出賣影子的人	中電	何非光	吳鐵翼	嚴俊、劉琦、威莉、顧夢鶴、王珏	攝：董克毅
1948	自君別後	中製 上海	周彥	吳學雲	懷錦、寇嘉弼、黃曼、周旭江、房勉、彭世偉	
1948	黑名單 Black list *民40年在台上映10月8日至10月13	中製	陳銳	陳銳	田琛、宗由、楊甦	製：袁留莘 張進德 攝：周光先
1949	殺人夜 *藝華後代	新時代	岳楓	楊甦	白光、嚴俊、韓濤、周起、井淼、梅村	攝：陳震祥

年代	片名	公司	導演	編劇	演員	工作人員
1950	惡夢初醒 Emeg Chu xing *根據鐵吾小說「女匪幹」改編。	農教 中製	宗由	鄧禹平	盧碧雲、黃宗迅、藍天虹、趙振秋、常楓、傅碧輝	製：戴安國 攝：王士珍 樂：王沛綸
1951	永不分離 Yong Bu Fenli	農教	徐欣夫	張徹	吳驚鴻、田琛、張慧、李影、黃曼、李冠章	監：戴安國 攝：莊國鈞
1952	軍中芳草 Young Women Joiner Army	農教	徐欣夫 王珏	羅家駒	戴綺霞、黃曼、虞帆、徐楓、李湘芩、趙明	製：李葉 攝：莊國鈞
1954	嬰粟花 Opium Poppy *拍大場面	台製	袁叢美	白馬 周旭江	盧碧雲、夷光、井淼、龔稼農、古軍、李行、王珏	製：袁叢美
1976	三千大洋 Three Thousand Silver Dollar	寶樹	高寶樹	倪匡	茅瑛、王道、王珏	
1977	孽種 Seed of Evil	寶樹	高寶樹	高寶樹	倉田保昭、舟倉環、高寶樹、馬皖茜、王珏	
1977	劍花煙雨江南	羅維	羅維	古龍	成龍、徐楓、王羽、張玲、王珏	著：古龍
1980	古寧頭大戰 My Native Land	中製	張曾澤	貢敏	王羽、王道、梁修身、徐楓、陳星、陳秋霞	監：劉伯祺

王珏九十年的人生影劇之旅

年代	片名	公司	導演	編劇	演員	工作人員
1981	皇天后土 The Coldest Winter in Peking *獲第18屆金馬獎最佳男配角 ，及最具時代意義特別獎。	中影	白景瑞	趙琦彬 鄧育昆	秦祥林、胡慧中 、歸亞蕾、 柯俊雄、劉延方 、曹健	剪：江晉臣
1981	辛亥雙十 The Battle For the Republic of China *獲第19屆金馬獎最佳劇情 片、最佳原作音樂、最佳 電影插曲	中影 邵氏	丁善璽	小野 丁善璽	狄龍、王道、 林鳳嬌、汪禹、 爾冬陞、柯俊雄 、王珏	攝：林文錦 曹惠琪
1982	苦戀 Portrait of A Fanatic	中影	王童	小野 趙琦彬 吳念真	慕思成、胡冠珍 、王珏、徐中菲	
1982	驚魂風雨夜 *製片：馮至甲 Devil Returns	永昇	陳耀圻	張永祥	張盈真、林鳳嬌 、亞倫、林在培 、王滿嬌、 崔守平	
1982	血濺歸鄉路 I shall Return	金昆	金鰲勳	吳念真	王珏、張艾嘉、 姜厚任、柯俊雄	
1982	閻王的喜宴 Yang Wang De Xi Yan	萬聲	丁善璽	丁善璽	孫曉威、夏玲玲 、凌峰	
1983	最長的一夜 The longest night	中製	金鰲勳	小野	郎雄、廖威、 王珏、王道、 秦祥林、張翼	

兩度跨越一甲子

年代	片名	公司	導演	編劇	演員	工作人員
1984	黑白珠 Black and White	蒙太奇	金鰲勳	鄧育昆	林青霞、孫越、 慕思成、王珏、 柯受良	
1984	戰爭前夕 Impending War	中影	李嘉	吳念真	劉瑞琪、秦漢、 慕思成、劉延方 、王珏	
1986	日內瓦的黃昏 The Sunset in Geneva	中製	白景瑞	劉玉瑾	王珏、諾娃、 秦祥林、周丹薇	
1986	大紐約華埠風雲 Yellow Skin	名冠	王冠雄	王冠雄	王冠雄、湯蘭花 、劉德凱	
1987	六祖慧能傳	七賢	李作楠	李作楠	古軍、王珏、 凌波、劉瑞琪、 陸一龍	
1994	飲食男女 Eat Drink Man Woman	中影	李安	王蕙玲 李安 詹姆斯 夏慕斯	郎雄、楊貴媚、 吳倩蓮、王渝文 、歸亞蕾、王珏	
2010	近在咫呎 Close to you	銀都、 美亞、 盧米埃	程孝澤	程孝澤	明道、彭于晏、 郭采潔、苑新雨 、楊子姍、譚俊 彥、羅北安、王 喜、王珏、五月 天	

王玨演出歐美影片主要片目

年代	片名
1960	《上海最後一班列車》Apocalisse sul fiume giallo
1961	《蒙古人》I mongoli
1963	《北京五十五日》55 Days at Peking
1964	《馬來西亞大盜》I plrati della Malesia
1965	《第十個犧牲者》La decima vittima
1965	《A 008, operazione Sterminio》
1965	《James Tont operazione U.N.O.》
1966	《Black Box Affair: il mondo trema》
1966	《Berlino-Appuntamento per le spie》
1966	《Delitto quasl perfetto》
1966	《Le spie vengono dal semifreddo》
1966	《西斯哥》El Cisco
1966	《Mi vedrai tornare》
1966	《好殺者》Per il gusto di uccidere
1967	《Morte in un giorno di pioggia》
1967	《Troppo per vivere, poco per morire》
1967	《魔鬼天使》Una colt in pugno al diavolo
1969	《地獄 36 小時》36 ore all`inferno
1969	《荒漠英雄》Tepepa
1970	《Buon funerale amigos!···Paga Sartana》
1971	《安娜的冒險》Aka Desert Of Fire

兩度跨越一甲子

年代	片名
1971	《Uccidl Django···uccidi per primo!!!》
1971	《沙漠大火》Deserto di fuoco
1971	《羅馬的愛與性》Roma bene Liebe Und Sex in Rom
1972	《大賭博》The Big GAME
1972	《Jasse & Lester: due frateli in un posto chiamato Trinlta》
1972	《La tecnica e ilrito》
1972	《La lunge cavaicata della vendetta》
1972	《Super Fly》
1972	《龍虎大鏢客》Aka Two Brothers In Trinity (USA)
1972	《La macchina della viltenza》
1973	《Il giustizlere di Dio》
1973	《Il mio nome e Shanghai joe》
1973	《Anchegli angeli mangiano fagioli》
1973	《Il figlio di Zorro》
1973	《Studio legale per una fapina》
1973	《Ming, ragazzil》
1973	《Ll chiamavano I tre moschettleri···inveca erano quattro》
1973	《Una colt in mano al diavole》
1973	《Sei bounty killers per una strage》
1974	《Sette ore di violenza per una soluzione impreviata》
1974	《Milarepa》
1974	《Ouesta volta ti faccio riccol》
1975	《Il sergente Romplglioni diventa··· caporale》
1976	《財星高照》《aka This Time I`ll Make You Rich》 （義大利與邵氏合作）

王玨九十年的人生影劇之旅

王珏演出話劇一覽表

年代	劇名	編劇	導演	重要演員	劇團	演出地點
1938.9.16	為自由和平而戰	王為一	王瑞麟	舒綉文、陶金、陳天國、王珏	怒潮劇團	重慶
1939.11.1	中國萬歲	唐納	王瑞麟	孫堅白、舒綉文、鳳子、錢千里、王珏	怒潮劇團	重慶
1940.4.1	民族光榮	宋之的	應雲衛	江村、章曼萍、王珏	中國萬歲虜	重慶抗建堂
1940.5.1	國家至上	宋之的老舍	應雲衛	舒綉文、張瑞芳、王珏	中國萬歲劇	重慶抗建堂
1940.10	清宮外史	楊村彬	楊村彬	王亞、項堃、施超、趙蘊如	青年劇社	重慶抗建堂
1940.12	董小宛	舒湮	袁叢美	王珏、秦怡、陽華	中國萬歲劇團	重慶
194.3.18	玉麒麟	宗由	吳樹勛	王豪、王斑、錢千里、王珏、井淼、房勉、朱銘仙	中國萬歲劇	重慶抗建堂
1942.3.29	蛻變	曹禺		王珏	中國萬歲劇團	重慶抗建堂

185

年代	劇名	編劇	導演	重要演員	劇團	演出地點
1942.3.23	江南之春	馬彥祥	馬彥祥	沈揚、舒綉文、田琛、吳家玻、井淼、楊薇、王珏	中國萬歲劇團	重慶抗建堂
1943.2.14	虎符	郭沫若	王瑞麟	孫堅白、舒綉文、王珏	中國萬歲劇團	重慶抗建堂
1944.5.11	黃金萬兩	魯覺吾	蘇怡	奏怡、宗由、王珏	中國萬歲劇團	重慶抗建堂
1945.2.10	草莽英雄	沈浮	沈浮	王珏、周旭江、房勉、林靜	中國勝利劇社	青年館
1945.2.13	秣稜風雨原名《桃花扇》	周彥	賀孟斧	王珏、周旭江、王豪、羅蘋、劉琦、井淼	中國萬歲劇團	重慶抗建堂
1945.5.1	木蘭從軍	許如輝	蘇丹	田琛、井淼、屏勉、王珏、劉琦、方平	中國萬歲劇團	重慶抗建堂
1945.6.1	雷峰塔	衛聚賢	周彥	宗由、王珏、王蒙、羅蘋、魏鶴齡	中國萬歲劇團	重慶抗建堂
1945.9.15	風雪夜歸人	吳祖光	賀孟斧	易露西、王珏、沈群、張立德、沈揚、史林	中國萬歲劇團	重慶抗建堂
1945.9.15	野玫瑰	陳銓	吳樹勛	王珏、劉琦、井淼、房勉、錢千里、陳莉	中國萬歲劇團	重慶抗建堂

186

年代	劇名	編劇	導演	重要演員	劇團	演出地點
1945.12.6	天國春秋	陽翰笙	應雲衛	章曼萍、三旺、舒綺又、彭世偉	中國萬歲劇團	重慶抗建堂
1946.3	雷雨	曹禺		王玨	中國萬歲劇團	重慶抗建堂
1946.3	原野	曹禺		王玨	中國萬歲劇團	重慶抗建堂
1946.11	日出	曹禺		王玨	中國萬歲劇團	重慶抗建堂
1949.7	野玫瑰	陳銓	王玨	王玨、威莉、黃宗迅	經建劇團	北一女禮堂
1949.11	闔第光臨	洪謨	孫俠	王運、威莉、孫俠	自由萬歲劇團	台北中山堂
1949.11.19	桃花扇（又名秣稜風雨）	周彥	王玨	王玨、古軍、崔冰、李行、羅揚	成功劇團	台北中山堂
1950.8	密支那風雲	徐昌霖	王玨、田琛	王玨、威莉、孫俠	成功劇團	台北中山堂
1950.10.31	影城奇譚	陳文泉	宗由	吳驚虹、田豐、井淼、王玨、威莉、董心銘、趙振秋	影劇界聯合大公演	台北中山堂

兩度跨越一甲子

年代	劇名	編劇	導演	重要演員	劇團	演出地點
1952.3.29	碧血黃花	唐紹華	王玨、唐紹華	王玨、古軍、井淼、房勉、葛香亭、傅碧輝、雷鳴、梅冬尼、曹健	自由萬歲劇團	台北中山堂
1953.2.15	光武中興	張徹	張英	王玨、藍天虹、常楓、馬璞、曾芸、陳麗雲	影劇界聯合大公演	台北中山堂
1956.10.31	還我河山	趙之誠、申江	張英	梅冬尼、李影、王玨、馬瑛、古軍、唐如韶	台灣影劇界聯合公演	台北新世界戲院
1957.5.5	董小宛	舒湮	袁叢美	王玨、房勉、田豐、明格、威莉、羅蘋、夷光	中華文化復興工作團	台北中山堂
1957.9.23	漢宮春秋	李曼瑰	張英	王玨、藍天紅、張允文、毛威、王瑞、馬驥	中華實驗劇團	台北新世界
1957.10.10	辛亥大革命	申江趙之誠	張英	王汪、李影、夷光、梅冬尼、曾芸	經建劇團	台北中山堂

188

年代	劇名	編劇	導演	重要演員	劇團	演出地點
1983.12.25 -1984.1.2	海宇春回	鍾雷 魯稚子	彭行才	葛香亭、王玨、 胡錦、孟元、 李影、陳又新、 張至雲、魏平澳 、洪濤、江明、 上官靈鳳	影劇界聯 合大公演	台北社 教館
1984	生命線 傳奇	貢敏 張永祥 趙琦彬	趙琦彬	琦驥、常楓、 郎雄、王玨、 李立群、歸亞蕾 、周仲廉、 金超群、崔小萍	國防部康 樂藝工總 隊	台北國 軍文藝 中心
1984.10.15 -10.25	石破天驚	鍾雷 魯稚子 張永祥	彭行才	常楓、王玨、馬 驥、王孫、李影 、古軍、胡錦、 洪濤、魏平澳、 葛香亭、傅碧輝	影劇界聯 合大公演	台北社 教館
1989.10	北京沒有 月亮	吳倩	彭行才	王玨、董德齡、 馬景濤、杜滿生	中國戲劇 藝術中心	國家戲 劇院
1995.10.25	疼惜台灣 子孫萬代	貢敏 孫陽	王玨	葛香亭、古軍、 常楓、王昌熾、 劉明、金水梓、 譚艾珍、洪濤	中國萬歲 劇團	台中、 台北各 演五場

兩度跨越一甲子

參考書目

中國電影史話	公孫魯著	香港南天書業公司出版
中製60年	中製廠編印	1993年出版
英才羅靜予含冤倒下	藍為潔著	上海文匯1997.1.4
中國電影製片廠廠史	中製編印	1985.9.25出版
中國電影發展史（上下冊）	程季華主編	中國電影出版社
中國戰爭電影史	皇甫宜川著	中國電影出版社
羅及之感受藝術人生	藍為潔著	重慶出版社
湯曉丹・湯沐海	藍為潔著	浙江人民出版社
重慶與中國抗戰電影學術論文集		重慶出版社
中國話劇通史	萬一虹主編	文化藝術出版社
邵玉珍戲劇生涯50年	邵玉珍著	亞太出版社
中國話劇史	吳若賈亦棣編	文建會出版
台北話劇史90年大事記	黃仁著	亞太出版社
台灣話劇黃金時代	黃仁著	亞太出版社
中國電影30年	楊村著	香港世界書局出版
中國影劇史	王子龍編	建國出版社
抗戰電影回顧（重慶）	危國華等編	重慶市文化局

王玨九十年的人生影劇之旅

中國電影史	陸弘石著	文化藝術出版
五十年來中國電影	鍾雷著	正中書局出版
中國電影史（1937-1945）	李道新著	首都師範大學出版
重慶抗戰劇壇紀事（1937-1946）		重慶文化局出版
重慶日報	1998年11月21日第三版	
重慶晚報	1998年11月21日	
抗戰電影	日本相史張公等編寫	河南大學出版
第46屆金馬獎頒獎典禮特刊	金馬獎執委會出版	
璀璨光影歲月	中央電影公司記事	宇業熒撰述中影公司出版

參考書目

新美學　PH0055

新銳文創
INDEPEDENT & UNIQUE

王玨九十年的人生影劇之旅

作　者	黃　仁
責任編輯	蔡曉雯
圖文排版	蔡瑋中
封面設計	陳佩蓉

出版策劃	新銳文創
發行人	宋政坤
法律顧問	毛國樑　律師
製作發行	秀威資訊科技股份有限公司
	114 台北市內湖區瑞光路76巷65號1樓
	電話：+886-2-2796-3638　傳真：+886-2-2796-1377
	服務信箱：service@showwe.com.tw
	http://www.showwe.com.tw
郵政劃撥	19563868　戶名：秀威資訊科技股份有限公司
展售門市	國家書店【松江門市】
	104 台北市中山區松江路209號1樓
	電話：+886-2-2518-0207　傳真：+886-2-2518-0778
網路訂購	秀威網路書店：http://www.bodbooks.com.tw
	國家網路書店：http://www.govbooks.com.tw

出版日期	2011年9月　初版
定　價	290元

 財團法人|國家文化藝術|基金會|贊助
National Culture and Arts Foundation|出版　**Printed in Taiwan**

國家圖書館出版品預行編目

王玨九十年的人生影劇之旅 / 黃仁著. -- 初版. -- 台北
市：新銳文創, 2011.02
　　面；　公分. -- (血歷史；PH0055)
　ISBN　978-986-86815-7-6 (16K平裝) --
　ISBN　978-986-6094-17-0 (25K平裝)

1.王玨 2.演員 3.台灣傳記

783.3886　　　　　　　　　　　　100002156

讀 者 回 函 卡

感謝您購買本書，為提升服務品質，請填妥以下資料，將讀者回函卡直接寄
回或傳真本公司，收到您的寶貴意見後，我們會收藏記錄及檢討，謝謝！
如您需要了解本公司最新出版書目、購書優惠或企劃活動，歡迎您上網查詢
或下載相關資料：http:// www.showwe.com.tw

您購買的書名：_____

出生日期：_____年_____月_____日

學歷：□高中 (含) 以下　　□大專　　□研究所 (含) 以上

職業：□製造業　□金融業　□資訊業　□軍警　□傳播業　□自由業

　　　□服務業　□公務員　□教職　□學生　□家管　□其它_____

購書地點：□網路書店　□實體書店　□書展　□郵購　□贈閱　□其他

您從何得知本書的消息？

　□網路書店　□實體書店　□網路搜尋　□電子報　□書訊　□雜誌

　□傳播媒體　□親友推薦　□網站推薦　□部落格　□其他_____

您對本書的評價：(請填代號　1.非常滿意　2.滿意　3.尚可　4.再改進)

　封面設計____　版面編排____　內容____　文／譯筆____　價格____

讀完書後您覺得：

　□很有收穫　□有收穫　□收穫不多　□沒收穫

對我們的建議：_____

_____

_____

_____

11466
台北市內湖區瑞光路 76 巷 65 號 1 樓

秀威資訊科技股份有限公司 　　收

BOD 數位出版事業部

⋯⋯⋯⋯⋯⋯⋯⋯⋯⋯⋯⋯⋯⋯⋯⋯⋯⋯⋯⋯⋯⋯⋯⋯⋯⋯⋯⋯⋯

（請沿線對折寄回，謝謝！）

姓　　名：_____　年齡：_____　性別：□女　□男

郵遞區號：□□□□□

地　　址：_____

聯絡電話：(日) _____ (夜) _____

E - m a i l：_____